도쿄는 어떻게 도시의 미래를 만드는가

[일러두기]
• 콘셉트가 맞춤법상 맞는 표현이나 이 책에서는 좀 더 가볍게 표현하고자 컨셉으로 통일했습니다.

도쿄는 어떻게
HOW TO BUILD
도시의 미래를 만드는가
THE FUTURE OF TOKYO

마케터와 떠나는 도쿄 임장기

서울프라퍼티인사이트
플랫폼 마케팅팀
지음

CITY&TOKYO

Cityfolio

| 서문 | **도쿄는 어떻게
도시의 미래를 만드는가** |

어릴 적부터 빌딩을 유난히 좋아했습니다. 등굣길마다 새로 생기는 빌딩의 이름을 외우고, 그 안에 어떤 맛있는 먹을거리가 들어섰는지 두리번거리며 학창 시절을 보냈습니다. 학교를 졸업한 뒤 처음 일했던 곳은 호텔이었습니다. 객실이 1,300개나 되는 호텔은 마치 작은 도시 같았습니다. 호텔에서 일하며 당직을 서다 보면, 잠시나마 내가 이 도시를 편안히 쉬게 하는 시장이 된 듯한 기분도 들었습니다. 그러다 우연히 상업용 부동산 컨설팅 회사에서 홍보와 마케팅 업무를 맡게 되었고, 다양한 건물들의 이야기를 사람들에게 전하는 일을 하게 되었습니다.

한때는 건물 1층 대부분이 은행이던 시절이 있었습니다. 이후 커피숍으로 변하더니, 요즘은 아예 공간을 비우고 나무를 심어 사람을 모으기도 합니다. 큰 상업용 부동산부터 작은 골목의 가게까지, 모두가 어떻게 하면 사람들을 끌어들이고 그들이 그 공간을 온전히 즐기게 할지 고민합니다. 많은 사람이 좋아하는 공간은 자연스레 가치가 생기고, 사람들이 사고 싶어 하는 자산이 됩니다. 서울프라퍼티인사이트에서는 이러한 이야기가 어떻게 돈이 되는지 알려주고 싶었습니다. 또한, 시티폴리오에서는 어떻게 하면 이러한 매력적인 건물이 될 수 있는지에 대해 이야기하고자 합니다.

2023년, 약 800만 명이 도쿄를 다녀갔다고 합니다. 각자 자신의 시선으로 그 도시를 즐겼을 것입니다. 그렇다면 시티폴리오의 마케터는 어떤 관점에서 도쿄를 관찰했을까요? 그들이 도쿄에서 찾아낸 것은 무엇이며, 이를 우리나라 도시를 만드는 사람들에게 어떻게 전달하고 싶었을까요? 이 책에 그 답이 담겨있습니다.

서울뿐만 아니라 다양한 도시를 더 많은 사람들이 즐기고, 그 안에서 행복한 순간을 만들어가길 바랍니다.

서울프라퍼티인사이트 대표

김정은

프롤로그

여러분은 어떤 도시에서
살고 싶나요?

우리는 생동감이 넘치는 도시 서울에 살고 있지만 살고 싶은 도시, 살면 살수록 더 좋아지는 동네와 공간에 대한 니즈를 가지고 있습니다. 도시를 어떻게 더 나은 공간으로 만들어갈 것인지 고민하기도 합니다. 그렇기에 모델이 될 만한 도시에 대한 연구도 계속되는 것이죠. 실제로 최근에는 시부야를 중심으로 대개조 프로젝트를 하나둘씩 완성해가고 있는 도쿄가 자산 개발자, 마케터, 디자이너의 관심을 받고 있습니다. 물론 업무와 관련된 방문이 아니라 개인적인 여행지로도 도쿄의 최근 풍경은 인상적입니다.

올해 4월 도시 부동산 플랫폼으로 론칭한 시티폴리오는 이런 도쿄의 변화 신호들을 확인하고, "도쿄는 어떻게 도시의 미래를 만들고 있는가"라는 주제로 도쿄 임장 투어에 나섰습니다. 마케터의 시각으로 도쿄의 자산을 둘러본 것입니다. 부동산 금융, 특히 리츠가 도시 개발에 어떤 의미와 가치 및 역할을 담고 있는지, 자본은 어떻게 도시의 변화와 일상에 영향을 미치는지, 앞으로 도시에서 살아가는 삶의 모습을 어떤 식으로 그릴 수 있는지 등의 궁금증을 해소하고자 했습니다. 대륙이나 국가의 경쟁력보다 내가 일하고 살고 있는 도시 혹은 동네의 브랜드력에 대한 관심이 꾸준히 높아지는 상황에서 사람을 모이게 하는 작은 카페나 브랜드 매장, 공원이나 대형 리테일 공간 등을 살펴봤습니다. 도시와 동네를 생동감 있게 만드는 동력이자 도시 브랜드력을 키우는 데 중요한 역할을 하는 요소들을 확인하며 도쿄라는 도시만의 매력을 탐구했습니다.

대개조로 도시 전체가 개발 중인 도쿄의 대형 사례들은 궁금증 해결의 단서가 되었습니다. 자산이 지역 개발의 파트너로서 지역의 특색을 살리고, 삶을 영위하는 주민과 공간을 활용하는 이들의 의사를 반영하여 협업형 개발을 진행하고 있습니다. '지속가능한 자산 운용과 가치'를 중요하게 생각하는 모습들이 꽤 인상적이었습니다. 이런 운영 전략을 실행하기 위해 기존 상권 분석을 넘어 '커뮤니티 분석'에 기반을 두고 소비자의 니즈를 파악한 후, 자산 개발을 진행하는 시스템 수립이 큰 역할을 했다고 생각됩니다.

그 중심에 에리어 매니지먼트, 타운 매니지먼트 시스템이 있습니다. 이는 기업, 브랜드, 사람들과 지속적인 관계를 맺으며 자산의 가치를 함께 만들어가는 개념입니다. 자산을 하나의 브랜드로 인지하고, 그 관점에서 자산을 관리합니다. 다양한 커뮤니티 프로그램과 이벤트, 광고 등 지속적인 마케팅 활동을 이어갑니다. 이런 활동은 앞으로 우리가 만들 도시, 지역의 경쟁력 제고를 위해 눈여겨볼 점이기도 합니다.

개발 운영 방향의 변화는 자산에도 마케터의 시각이 필요한 이유가 되기도 합니다. 짓는 사람의 눈이 아닌 파는 사람, 좋아하게 만드는 사람, 알리는 사람인 마케터의 시각으로 도쿄를 바라보면 발견할 수 있는 인사이트도 달라집니다. 실제 자산이 가장 활발하게 운영되고 있는 시간과 장소를 중심으로 사람들이 어떤 리테일을 선택했는지, 어떤 브랜드를 선호하는지, 개발 당시의 가치보다 매니지먼트에 따라 만들어진 변화는 무엇인지 확인했습니다. 특히 자산에서 업무를 하거나, 일상의 친숙한 공간으로 소비하는 사람들과의 인터뷰를 통해 자산을 개발할 때 놓치지 말아야 할 소비자 중심의 가치까지 알아봤습니다.

부동산은 라이프 스타일을 담고, 사람의 이야기를 펼치는 큰 그릇과 같습니다. 일본 디벨로퍼들이 도쿄라는 도시의 자산을 어떻게 지속가능한 공간으로 운영하는지, 어떤 방식으로 에리어 매니지먼트를 하는지 알아보면서 자연스레 서울의 미래를 그려보게 됩니다. 자산은 여전히 랜드마크로서 역할도 중요하지만, 이제 다른 가치도 가집니다. 도쿄 임장은 그 사실을 확인하는 기회였습니다. 일상을 더 편리하고 풍요롭게, 우리의 공간이 더 가치롭게 일하고, 즐기고, 살고 싶은 도시를 만들 수 있는 단서를 도쿄의 빌딩들에서 찾아볼까요?

서울프라퍼티인사이트 플랫폼 마케팅 상무
오경희

추천사 1

이 책은 제가 저술한 《도쿄를 바꾼 빌딩들》의 자매편 같은 책입니다. 제 책이 도시경쟁력이 국가경쟁력임을 주창하며, 각자의 사업 기반 동네를 매력적으로 바꾼 도쿄의 민간 디벨로퍼 관점에서 도쿄의 진화과정에 좀 더 집중했다면, 《도쿄는 어떻게 도시의 미래를 만드는가》는 마케터의 관점에서 각각의 동네를 좀 더 깊이 들여다봅니다. 해당 동네 생활자의 생생한 이야기와 주요 F&B 스폿들, J리츠에 대한 소개는 도쿄를 좀 더 깊이 이해하게 만듭니다. 부동산 개발이 도시의 경쟁력과 사람들의 라이프 스타일에 미치는 영향은 지대합니다. 잘된 부동산 개발이 어떻게 도쿄를 바꾸었는지 직접 도쿄 여행을 통해 체험하고자 할 때 이 책과 제 책이 좋은 지침서가 되어줄 겁니다. 자신 있게 일독을 권합니다.

HDC 현대산업개발 개발본부장,
《도쿄를 바꾼 빌딩들》저자
박희윤

추천사 2

　　필자가 속한 회사는 여러 가지 사업을 하고 있지만 그중에서도 부동산 개발업은 참으로 고된 점이 많습니다. 무엇보다도 시간과의 끝없는 싸움이 힘듭니다. 겉에서 보기에 건물이 금방금방 올라가는 것처럼 보여도, 사실 하나의 프로젝트가 시작해서 완성되기까지 짧게는 수년에서 길게는 수십 년의 시간이 필요합니다. 특정 인허가를 받더라도 관공서 수십 개 부서의 검토를 거쳐야 하며, 그중 하나라도 삐끗하면 다시 몇 개월을 기다려야 합니다. 이러한 답답함은 이 분야에 몸담고 있는 사람만 아는 속사정입니다. 내 의지와는 항상 반대로 가는 시간과 끝도 없이 싸워야 하는 고독함, 이것이 부동산 개발업의 숙명입니다.

　　그래서인지 빨리 이 일을 끝내고 싶은 유혹에 종종 시달립니다. 얼른 분양해버리고 싶은 마음, 자산을 빨리 유동화하여 리스크를 없애고 수익을 확정 짓고 싶은 마음, 또 정책이 바뀌기 전에 서둘러서 엑시트(Exit)해야 한다는 마음입니다. 이 마음들은 엄밀히 말해 유혹이라기보다 현재 대한민국 부동산 구조를 숙고한 '합리적 선택'에 가까워서 그 선택을 하는 이들을 비난할 수도 없습니다.

모두가 '지속가능한 공간 브랜딩'을 외치지만 막상 그 길을 제대로 가본 이들이 없기에 두렵고, 그 두려움 앞에서 대부분 현실과 타협을 하게 된 결과물이 지금 우리 서울 부동산의 모습입니다.

이 책은 그 두려움을 해결해주지는 못하지만 만약 그 난관들과 싸워 이긴다면 앞으로 우리는 어디까지 성공할 수 있는가에 대한 모습을 보여줍니다. 서울프라퍼티인사이트라는 대한민국 최고의 부동산 전문가 집단이 직접 발로 뛰며 일본 도쿄의 주요 랜드마크들을 임장하고, 그 결과를 기록한 보고서를 마련했습니다. 읽다 보면 일본의 현실이 부럽게 느껴지다가도 '어쩌면 우리도 제대로 해볼 수 있지 않을까?'라는 작은 설렘을 품게 됩니다. 모리빌딩의 힐스 시리즈, 미쓰이부동산의 미드타운, 미쓰비시지쇼의 마루노우치 빌딩을 마주하다 보면 한없이 막막해지다 가도, 그들 역시 기본 40년 이상은 걸렸다는 사실을 알고 나면 묘한 희망감과 함께 다음 세대에 대한 책임감에 가슴이 웅장해지기도 합니다.

부동산 개발업을 하는 필자에게 이런 설렘을 안겨주었다는 사실만으로도 이미 이 책은 출간의 목적 하나를 이룬 것일 수 있습니다. 서울프라퍼티인사이트는 이 책에서 부동산 금융, 투자, 마케팅 전문가의 예리한 시선으로 도쿄의 주요 지역들을 관찰하며 각 건물이 만들어지기까지의 역사와 의미, 공간 브랜드의 탄생과 성공스토리, 지속가능한 비결을 풀어냅니다. 롯폰기힐스, 도쿄 미드타운처럼 이미 잘 알려진 지역들을 다루면서도 하라카도, 포레스

트게이트, 하마쿠라 요코초처럼 다소 낯설거나 최근에 생긴 공간
들도 소개합니다. '에리어 매니지먼트'라는 다소 어려운 주제를
다루고 있지만, 전문가답게 분석의 내용이 깊고 여행자의 시선에
서 쓴 문체가 담백합니다. 또한 중간중간 꿀팁처럼 제공하는 힙한
F&B 리스트 덕분에 친근한 여행가이드처럼 느껴지기도 합니다.

그렇게 재미있게 읽다 보면 어느새 책은 다시 부동산 개발회사
들에게 묵직한 질문을 던집니다.

"우리가 개발한 건물들은 지역 주민들에게 사랑받고 있는가?"
"우리 공간 브랜드가 추구하는 가치는 무엇이며, 그것은 사람
과 연결되어 있는가?"
"대한민국 토지 위에 세운 이 공간은 사람들에게 Korea Pride
가 느껴지게 하는가?"

이 책을 집필한 서울프라퍼티인사이트가 이런 질문들에 대한
답을 찾아가는 마중물이 되기를 진심으로 바라고 응원합니다.

㈜신아주 부회장

문경회

목차

- 005   서문
- 007   프롤로그
- 010   추천사

018   PART 1   갔다, 도쿄 임장!

028   PART 2   글로 배운 J리츠, 직접 가보니…

- 032   일본 부동산 투자 방법으로 매력적인 J리츠
- 034   J리츠를 움직이는 일본의 종합 부동산 회사들
- 037   직접 확인한 종합 부동산 회사의 에어리어 매니지먼트
- 040   J리츠 투자를 계획하고 있다면 주목

042   PART 3   일단 도쿄는 아자부다이힐스부터 찍고 시작!

- 046   역사와 트렌드가 교차하는 거리 미나토구
- 048   모리빌딩 '힐스' 시리즈의 시작 아크힐스
- 051   문화도심 컨셉을 명확히 구현한 롯폰기힐스
- 057   랜드마크로 재탄생한 지역 중심지 오모테산도힐스

063	프로페셔널 보헤미안들의 공간 도라노몬힐스
068	일본 하이엔드 라이프의 끝 아자부다이힐스
070	힐스의 미래형 아자부다이힐스는 무엇이 다를까?
077	이 모든 것의 중심 모리빌딩 타워 매니지먼트

084　PART 4　힐스족에게 듣다

088	도쿄 라이프의 중심 아자부다이힐스
098	살고 싶은 공간은 어떤 곳일까?
104	공간 트래픽을 지속시키는 운영의 묘, 브랜드

110　PART 5　들을 땐 시큰둥, 막상 보니 볼매 미드타운

114	니혼바시의 주인 미쓰이부동산
117	JAPAN VALUE & JAPAN PREMIUM 발신지 도쿄 미드타운
121	한 끗 차이까지 담아낸 도쿄 미드타운의 센스
124	도쿄 중심지에 잔디밭을 만들다
127	감탄보다 만족감과 편안함을 주는, 실용적인 공간의 정석
130	예술 문화와 엔터테인먼트 거점 도쿄 미드타운 히비야
134	일본의 미래문화를 발신하는 도쿄 미드타운 야에스
140	기업이 전하고 싶은 가치를 이야기하는 브랜딩과 광고
143	소셜 포지션의 자부심을 만들어주는 미드타운

146　PART 6　라이프 커뮤니티 빌딩 순례기

| 150 | '창발'의 지역 하라주쿠 |

155	프로그램과 마케팅, 핵심 테넌트 시설로 '크리에이티브' 아이덴티티 강화
159	창의성을 살려주는 도심 속 라이프 포인트 스폿
162	크리에이티브를 심은 동네 다이칸야마
167	라이프 플랫폼으로서의 공간 포레스트게이트
173	사람, 공간, 지역의 '연결'과 '순환'

176　PART 7　'힙'하다는 도쿄 공간에는 이것이 있다!

180	바이오필릭 라이프의 트렌디한 키워드, 분재
186	사람을 끌어들이는 자연의 힘
189	지역의 가치를 만들어가는 공간 요요기 공원&트렁크 호텔
195	카페부터 레스토랑까지, 핫한 리테일이 한 지역에 모이다
198	자연 중심의 공간을 자산에 구현하다
202	지역과의 연결에 집중한 개발, 시모기타 선로 거리
207	커뮤니티를 완성하는 바이오필릭 라이프

214　PART 8　어른들의 '놀일터'는 어떻게 완성되는가?

218	도시가 가져야 할 역할과 모습
220	서로에게 말을 거는 장소 요코초
223	미야시타 파크에 구현된 '하마쿠라 스타일'의 요코초
228	자연스럽게 완성된 공간의 커뮤니티화
230	또 다른 변주 노렌가이 스타일
234	새로운 개념의 놀일터 도쿄 미드타운 야에스&도라노몬힐스 T-MARKET
239	자산 속 새로운 브랜드로 자리 잡은 놀일터

242	**PART 9** 역 주변 자산 재개발은 일상을 어떻게 변화시키는가?

- 246   마루노우치 지역을 책임지는 디벨로퍼 미쓰비시지쇼
- 252   오피스 거리 주말 방문객을 3배 높인 운영 전략
- 254   문화적 영향력까지 높여준 마루노우치 브릭스퀘어
- 258   시대와 세대를 넘어 계승되는 '지역 마을 만들기'
- 260   우체국이 가진 본질을 자산 브랜드로 정립한 킷테
- 263   오츠카역 개발의 컨셉 '거리의 온도를 올리다.'
- 267   지역과 사람의 관계를 가깝게 만드는 지역 리조트
- 270   자산을 보존하며 미래를 그린다

274	**PART 10** 도쿄 토일렛이 시부야의 아이콘이 된 진짜 이유

- 278   개인과 자산의 교집합을 만드는 마케팅
- 281   환대 문화의 상징 도쿄 토일렛
- 283   공공 건축물에서 도시를 대표하는 자산으로 가치 확장
- 287   자산의 지속성을 높이는 힘, 운영
- 290   시부야 지역의 또 다른 변화를 이끄는 도큐부동산
- 294   자산을 브랜드로 확장시키는 인식의 차이

298	**BONUS** 도쿄에 숨겨진 보석 같은 F&B 공간들

PART
1

TOKYO

일하고, 놀고, 살고 싶은 동네 이야기의 첫 장소는 '직주락'을 키워드로 해 변화를 만들어가고 있는 도시, 도쿄입니다. 일반 여행객으로서가 아니라 지속가능성, 브랜드적·라이프적 관점으로 도쿄를 탐험했습니다. 자본, 사람, 도시의 움직임을 따라 투자의 목적으로 다녀온 도쿄 임장 이야기를 펼쳐보겠습니다.

일본정부관광국(JNTO) 발표에 따르면, 24년 3월에만
약 308만 명의 외국인이 일본을 찾았다고 합니다.
이는 코로나 이전보다 12% 늘어난 숫자입니다.
그중 1위는 한국인으로, 한 달간 66만 명이 일본을 방문했습니다.
일본을 찾은 외국인 5명 중 1명은 한국인이라는 뜻입니다.
일본 방문자들 중 52%(2023년 기준)가 도쿄를 여행한다고 하니,
약 30만 명의 한국인이 도쿄로 향했다고 볼 수 있습니다.
업계 사람들이 릴레이처럼 도쿄에 있다는 소식을 전해온 게
우연은 아닙니다. 그들의 SNS에서 만난 도쿄는 코로나 이전과
다른 모습이었습니다. 자연스럽게 가보고 싶은 마음이 들었습니다.
'도쿄대개조, 도쿄의 변화, 도쿄를 바꾼 빌딩들' 같은
단어가 머릿속에 떠오르며 모든 관심이 도쿄로 쏠렸습니다.
글로 열심히 J리츠를 배웠지만 부동산 자산은
직접 가서 봐야 한다는 타당한 이유도 있었습니다.

인스타 여행 계정, 맛집 계정 대신 지도를 펼쳤습니다. 도쿄의 빌딩, 자산과 브랜드 스토어를 체크하고 동선을 짰습니다. '도쿄대개조 2030'을 통해 동시다발적으로 개발이 이뤄지며 생겨난 도쿄의 변화를 담은 정보도 수집했습니다. 투자의 관점으로 투어를 하는, 글로벌 임장에 나선 것입니다. 일반 여행과 달리 "마케터들은 부동산 임장을 통해 어떤 인사이트를 발견할까?"라는 질문의 답을 찾아보고자 했습니다. 짓는 사람으로서가 아니라 파는 사람, 좋아하게 만드는 사람, 알리는 사람인 마케터의 시각으로 도쿄를 둘러본 것입니다.

부동산은 단순히 하나의 자산이나 한 평의 땅이 아닙니다. 부동산을 개발한다는 것은 한 지역, 한 도시에 큰 영향을 미치는 일입니다. 동시에 우리가 사는 도시의 첫인상을 결정하는 일이기도 합니다. 낯선 도시에 처음 도착했을 때를 상상해봅시다. 눈앞에 보이는 건물과 도로의 생김새, 분위기에 따라 머릿속에 여러 생각이 스쳤을 것입니다. 부동산과 도시 브랜딩이 서로 깊은 연결관계에 있기 때문에 생기는 일입니다.

여기서 끝이 아닙니다. 건물을 지어만 놓는다고 의미가 생기지 않습니다. 지어진 건물에서 사람이 삶을 영위할 때 지속성을 가집니다. 공간을 만드는 것도, 공간을 채우는 것도 결국 사람입니다. 그래서 부동산을 개발한다는 것은 사람들의 일상을 연결하고, 일상의 콘텐츠를 풍요롭게 하는 것입니다. 이는 자산(빌딩 또는 건물)이 주변과 어우러지며 가치가 높아지고, 사람들과 관계를 맺으며 도시를 대표하는 랜드마크로 자리 잡아가는 과정이기도 합니다. 그렇기에 사람이 무엇을 좋아하는지, 사람의 관심이 어디로 향하는지 알아야 합니다.

이에 따라 이 책에서는 마케터의 시각을 장착한 후, 3가지 관점으로 탐험한 도쿄에 대해 소개해보려 합니다.

첫 번째 관점은 자산의 지속가능성 여부입니다. 지속가능성은 '어떻게 운영할 것인가?'에 따라 결정되는 결괏값입니다. 더 좋게, 더 높게, 더 거대하게 짓기를 넘어 '어떤 문화를 담아내는가? 어떤 공간 캐릭터를 만들어가는가? 어떤 사람들이 거주하고 일하는 공간이 될 것인가? 어떤 일상을 담아낼 것인가?' 같은 질문에 대한 답이기도 합니다. 자본으로 만들어진 자산이 어떤 움직임을 보여주는지 판단할 지표가 될 것입니다.

두 번째는 브랜드적 관점입니다. '빌딩에서 주요 역할을 하는 매장은 어떤 곳들인가? 리테일 브랜드 중에서 입점한 곳들은 어디인가? 사람들은 어떤 브랜드를 선호하는가?'에 주목했습니다. 자산이 타깃 설정과 운영 목적을 어떻게 기획했는지, 사람들이 자산을 어떤 형태로 소비하는지와 연결되는 지점이기도 합니다. 그렇기에 사람들이 붐비는 시간에 방문해 그들이 무엇을 소비하고, 무엇에 만족하고, 무엇을 좋아하는지 알아봤습니다.

마지막은 라이프적 관점입니다. 도쿄라는 도시를 채우는 사람들은 어떤 라이프 스타일을 가지고 있는지, 과거에 알던 도쿄와 어떤 차이가 있는지, 각 빌딩의 콘텐츠가 어떤 타깃을 공략하기 위해 만들어졌는지 살펴봤습니다. 이 변화가 앞으로의 도쿄를 만들어가는 발판이 될 것이라 생각했기 때문입니다. 도쿄는 분명 움직이며 변화하고 있습니다. 도쿄가 꿈꾸는 새로운 미래는 이미 시작을 알렸습니다.

이제 자본, 사람, 도시의 움직임을 따라 투자의 관점으로 여행한 도쿄 이야기를 시작합니다. 이를 통해 부동산 개발 과정과 특색이 어떻게 빌딩이나 사람들의 생활에 반영되는지 알아보겠습니다. 새로운 도쿄의 움직임을 이해하는 바탕이 될 것입니다.

도쿄
map

미나토구
[82p]

도쿄 주요 3구의 한 지역으로, 다른 나라 대사관과 일본 내 대기업들의 본사가 많이 위치한 곳이다. 아자부주반, 도라노몬, 롯폰기, 아카사카, 아오야마 등 도쿄 대표 관광지가 모여 있어 외국인들에게 인기가 높다.

주오구
[145p]

주오구 역시 도쿄 주요 3구 중 한 곳이다. 긴자와 쓰키지 시장 등 도쿄를 상징하는 상업지역을 포함하고 있는데, 에도시대부터 일본 전역으로 가는 다리인 '니혼바시'가 만들어지며 발전했다.

시부야구
[175p]

야마노테센 개설과 함께 도쿄 남서부를 잇는 철도의 종점으로 시부야역이 발전하기 시작해 오늘날에는 도쿄에서 가장 분주한 지역 중 한 곳이 되었다. 요요기, 에비스, 신바시 등이 자리하고 있다.

세타가야구
[213p]

도쿄의 남서쪽에 위치하며 인구가 가장 많은 주거 중심 지역이다. 대학교, 의료시설, 공원, 철도 및 교통시설 등 생활에 꼭 필요한 인프라가 잘 갖춰져 있다. 시모기타자와와 산겐자야 등 젊은 층에게 인기가 높은 지역이다.

도시마구
[241p]

규모가 작은 특별구 중 하나이다. 이 지역을 대표하는 곳은 도시마구의 상업과 오락의 중심지 이케부쿠로가 있다. 외국인들이 많이 사는 지역이기도 한데, 특히 중국인(약 50%)과 한국인(약 20%)이 많이 거주한다.

지요다구
[273p]

도쿄의 주요 3구 중 한 곳이자 일본 황궁, 입법부, 행정부, 사법부의 주요 기관들이 위치한 지역이다. 또한 도쿄역을 포함해 일본 내 이동의 중심지이며, 마루노우치로 대표되는 일본 경제와 금융 중심지 역할도 수행한다.

네리마구

스기나미구

PART 2

J-REITs

상업용 부동산을 개발하는 회사, 자금을 투자한 회사, 실제 운영하고 관리하는 회사 그리고 지역과 도시를 함께 발전시켜가는 이들의 역할까지 알아보기 위한 첫 단계가 J리츠에 대한 이해입니다. J리츠는 일본 내 상업용 부동산의 주요 플레이어입니다. 따라서 J리츠에 대한 기본적인 정보를 알고 있어야 일본의 상업용 부동산 시장에 대해 좀 더 폭넓게 이해할 수 있습니다.

일본 부동산에 대한 국내 투자자의 관심이 높아지고 있습니다. 한국예탁결제원에 따르면 2023년 국내 투자자가 일본 증시에서 순매수한 상위 15개 종목에 '넥스트 펀드 리츠 인덱스 ETF'와 '아이세어즈 코어 재팬 리츠 ETF'가 포함되어 있습니다. 특히 '아이세어즈 코어 재팬 리츠 ETF'는 일본 전체 주식(ETF 포함)에서 네 번째로 많은 46억 원의 순매수 금액을 기록했습니다.

투자에 대한 관심이 증대된 것은 지속적인 엔저현상과 저금리의 영향입니다. 부동산 직접 투자는 투자 단위가 크고 대출, 매물 찾기, 자산 관리 등 현실적인 어려움이 존재합니다. 반면 주식 시장에서 쉽게 거래할 수 있어서 접근성이 좋은 J리츠는 투자자에게 좀 더 편리한 상품입니다. 이에 J리츠 투자가 늘어나고 있는 것입니다.

일본 부동산 투자 방법으로 매력적인 J리츠

일본 리츠 시장은 한국과 비슷한 2001년 즈음 시작되었습니다. 일본은 1980년대 버블 경제가 몰락하면서 부동산 가격도 지속적으로 하락했습니다. 부동산 가치가 떨어지니, 부동산을 담보로 가지고 있던 금융 기관이 파산하는 사태가 증가합니다. 이 문제를 해결하기 위해 일본 정부가 리츠 시장을 조성하기 시작했습니다. 2001년 9월 도쿄증권거래소에 2개 리츠가 최초 상장했는데, 당시 시가총액은 2.6억 엔이었습니다. 2007년에는 41개 리츠, 시가총액 6.7조 엔으로 늘어났습니다. 이후 2009년 미국발 금융위기, 2011년 일본 대지진, 2020년 코로나 등 국내외 여러 위험 상황을 겪으면서도 J리츠는 꾸준히 성장했습니다. 2011년부터 일본은행이 J리츠 안정화를 위해 지속적으로 리츠를 매입하면서 양적 성장을 이끌기도 했습니다. 이런 영향으로 2022년 말 기준, 61개 상장리츠의 총 시가총액은 15.8조 엔으로 확연히 늘었습니다.

성장을 거듭한 J리츠는 일본 부동산 시장의 주요 투자자가 되어 일본 상업용 부동산 시장을 견인하고 있습니다. 최근 10년 동안 일본 상업용 부동산 시장의 전체 거래 중 약 45%가 J리츠에 의해 이뤄졌을 정도입니다. 일본보다 40년이나 앞서 시작된 미국 리츠가 미국 내 상업용 부동산에 투자한 금액은 전체의 10% 이하 수준임을 생각하면, 일본 내 상업용 부동산 시장의 주요 플레이어로 J리츠의 위상이 어느 정도인지 알 수 있습니다. 수익의 지속성 면에서도 J리츠는 안정적입니다. 2003년부터 2021년까지 18년간 연평균 8.3%의 수익(배당수익률+주가상승률)을 제공해왔으며, 2023년 9월 기준으로 평균 배당률은 4.18%입니다. 꾸준히 3~4% 수준의 배당이 이뤄졌으며, 코로나로 전 세계가 위기에 빠졌던 시기에도 유일하게 배당을 늘렸다는 부분에서 안전한 투자처라는 인식도 커졌습니다.

J리츠를 움직이는
일본의 종합 부동산 회사들

리츠 투자를 결정할 때 '누가 운용하고 있는가?'도 중요한 고려 사항입니다. 주요 J리츠는 종합 부동산 회사가 스폰서(1)로 참여하고 있습니다. J리츠가 우량 자산을 많이 보유하고 있는 이유 중 하나이기도 합니다. 종합 부동산 회사의 대표 자산이 모두 J리츠에 편입되어 있지는 않지만, 영향력이 높은 편입니다. 일본 1위 종합 부동산 회사인 미쓰이부동산이 스폰서로 참여한 Nippon Building이 대표적입니다. 23년간 운영된 일본 최대 리츠로, 도쿄 23구 내 45개 오피스 자산을 보유하고 있습니다. 23년 2분기 기준 총 자산은 1조 3856억 엔으로, 21년 대비 788억 엔 상승한 수치입니다. 23년 2분기 순수익은 195억 엔, 총자산 대비 부채LTV는 42.8% 수준입니다. 우량 자산을 많이 담고 있기에 가능한 성과입니다. 오피스 섹터 J리츠 시가총액 2위인 재팬리얼에스테이트의 스폰서 미쓰비시부동산 역시 도쿄 주요 5구 내에서도 임대료가

---

(1) 스폰서
미쓰이부동산, 미쓰비시지쇼, 모리빌딩 등 그룹이 리츠의 주요 출자자(전체 지분의 30~50%)로 참여하고 있는 형태를 가리키는 표현이다. 계열사가 보유한 부동산을 리츠로 상장한 경우에 해당한다.

가장 높은 마루노우치 권역 오피스 빌딩의 50% 이상을 보유하고 있습니다. 모리빌딩도 'Mori Hills REIT Investment Corporation 모리 힐스 리츠 인베스트먼트 코퍼레이션'에 스폰서로 참여하고 있습니다.

일본의 종합 부동산 회사는 하나의 자산이 완성되어 소비자가 인지하기까지의 전 과정인 부동산 밸류 체인을 직접 담당합니다. 따라서 종합 부동산 회사라면 개발을 위해 자금을 만드는 것부터 땅을 소유하고, 자산을 설계해 시공하고, 리테일을 입점시키고, 운영하는 능력까지 갖춰야 합니다. 일본에는 이런 능력을 갖춘 종합 부동산 회사가 8곳 있습니다. 그중 일본 도시 개발을 주도하는 회사는 미쓰이부동산, 미쓰비시지쇼, 도큐부동산, 모리빌딩 이렇게 4곳이라 해도 과언이 아닙니다. 4개 회사는 각기 다른 방식으로 도쿄라는 도시를 새롭게 만들어가고 있습니다. 그럼에도 공통점이 있다면 에리어 매니지먼트[2]의 달인이라는 점이죠.

짓고 파는 과정을 반복해 수익을 만들면 빠른 스케일 업Scale up

---

(2) 에리어 매니지먼트 Area Management
타운 매니지먼트(Town Management)와 혼용해 사용하기도 한다. 단일 건물을 관리하는 것이 아니라 건물이 모여 있는 일대를 관리하는 개념으로, 어떤 장소를 지속적으로 관리하여 가치를 높인다는 의미를 내포한다는 공통점을 가진다. 차이점은 관리하는 대상의 면적 규모에 따라 블록 단위 정도를 타운 매니지먼트, 보다 넓은 구역 관리는 에리어 매니지먼트로 이야기한다. 하지만 경우에 따라 규모가 작아도 에리어 매니지먼트를 사용하기도 하므로 면적 규모의 기준이 명확하지 않다.

은 가능하지만 차별화 요소가 부족하고 경쟁은 치열할 수밖에 없습니다. 안전성도 낮습니다. 반대로 지역을 기반으로 하여 집중적이고 연속적으로 개발함으로써 대형화하고, 커뮤니티와 관계를 맺으며 지역 활성화에 기여하면 자산 가치의 지속적인 성장을 기대할 수 있습니다. 일본의 종합 부동산 회사들은 성장 안전성과 기업 비전을 실현하는 측면에서 에리어 매니지먼트를 선호합니다.

에리어 매니지먼트 중심의 개발이 가능하려면 자산의 운영적 측면을 고려해야 합니다. '운영'은 지역, 도시에 살고 있는 사람들과 '관계 맺기'에 가깝습니다. 어떤 자산도 사람과 동떨어져 가치를 가지기 어렵습니다. 건물을 임대하려는 기업도 직원들이 좋아하는 공간을 오피스로 선정합니다. 건물에 입점한 브랜드가 직원 복지 또는 자부심이 되기도 합니다. 더 이상 지어만 놓으면 팔리는 시대가 아닙니다. 그래서 '짓기' 이상으로 '운영'에 주목할 필요가 있습니다. 운영을 잘하는 것이 곧, 지속적으로 자산의 가치를 높이는 방향이기 때문입니다.

직접 확인한 종합 부동산 회사의
에리어 매니지먼트

'운영'을 살펴보기 위해 종합 부동산 회사들이 자산에 어떤 브랜드를 입점시켰는지, 얼마나 많은 사람들이 자산을 이용하는지, 시간이 지나도 꾸준히 이용자들이 유지되는지, 매니지먼트 측면에서 어떤 변화들이 있었는지 등을 확인해봤습니다. 특히 에리어 매니지먼트 개발을 선호하는 종합 부동산 회사 4곳에 집중했습니다.

미쓰이부동산은 1914년에 설립돼 100년이 넘는 역사를 가진 일본 최대 디벨로퍼입니다. 이들의 주요 지역은 니혼바시이고, 미드타운을 비롯해 도쿄 전역의 주요 자산들을 개발했습니다. 일본 도심 개발의 핵심 지역인 마루노우치 지구를 개발한 회사는 1937년에 설립된 미쓰비시지쇼입니다. 마루노우치를 비롯해 오테마치, 유라쿠초까지 이들의 손길이 닿아있습니다. 철도회사로 시작한 도큐부동산은 아무것도 없는 땅에 역을 2개 세우고 그 역 일대를 함께 개발합니다. 사람들이 많이 왕래할수록 통행 수입이 증가하기에 세운 전략입니다. 시부야 역시 아무것도 없는 땅에 철도를 깔고 그 일대의 땅을 구입해 개발을 진행했습니다. 현재 '달라진 시부야'의 모습 중심에 도큐부동산이 있습니다.

　앞의 회사들이 막강한 자본력과 이미 소유 중인 대규모의 땅을 중심으로 개발을 진행한 것과 달리 모리빌딩은 창의적인 기획력과 끈질긴 노력으로 미나토구를 모리타운으로 완성해나가고 있습니다. 모리빌딩은 2차 세계대전 이후 미나토구의 땅을 사서 작은 넘버 빌딩 시리즈를 개발했습니다. 제1모리빌딩, 제2모리빌딩 등 작은 빌딩들을 꾸준히 지었습니다. 사실 지금과 비교하면 볼품없지만 이 빌딩들이 있었기에 '힐스'가 완성될 수 있었습니다. 30년이 넘는 시간 동안 주민들을 설득해 땅을 매입하고, 건물을 짓는 시간을 버틸 수 있었던 힘이 되어준 것입니다. 더불어 모리빌딩이 미나토구에 들인 시간의 힘도 무시할 수 없습니다. '버티컬 가든 시티'라는 철학으로 힐스를 기획하고 현실화한 시간은 미나토구에서 모리빌딩의 존재감을 키우는 시간이기도 했습니다. 주민들과 친해지기 위한 회사 차원의 스킨십도 엄청났습니다. 이 부분이 모리빌딩만의 차별화 전략입니다.

　이런 과정을 거쳐 완성된 공간이 아자부다이힐스입니다. 지금 도쿄의 가장 트렌디한 공간이기도 한 아자부다이힐스는 도쿄타워가 보이는 '도쿄의 한복판에 세워진 최고층 빌딩' 또는 '세계적인 건축가 토마스 헤더윅이 설계한 빌딩' 등의 수식어로는 완전히 설명하기 어렵습니다. 이곳은 상업, 문화, 주거, 오피스, 호텔, 학교, 병원까지 사람이 살아가기 위해 꼭 필요한 시설을 모두 갖추고 있습니다. 하나의 공간 자체가 집이자 회사이며, 작은 도시인 셈입니다. 이 모든 것의 시작에는 버티컬 가든 시티라는 개발자의 '철학'이 존재합니다. 모리빌딩의 '힐스 시리즈'는 세세하고 완벽하게 설계된 컨셉과 뛰어난 매니지먼트의 표본입니다.

J리츠 투자를 계획하고 있다면 주목!

투자자 입장에서 모리빌딩을 볼 때 또 하나 고려할 점은 투자 가능성 측면입니다. 앞서 이야기한 것처럼 모리빌딩이 운영 중인 Mori Hills REIT Investment Corporation의 자산 포트폴리오에는 롯폰기힐스 모리타워 28.6%, 도라노몬힐스 모리타워 14% 등 힐스 시리즈가 포함되어 있습니다. 미나토구 전체에 대한 통제권이 있기 때문에 매니지먼트를 통해 지속적인 가치 상승을 가능하게 할 수 있다는 강점도 있습니다. 최근 문을 연 아자부다이힐스를 비롯해 앞으로 제2롯폰기힐스 등 미나토구 내 추가 개발 계획도 가지고 있습니다.

모리빌딩의 운영 능력은 방문자 수를 통해서도 확인할 수 있습니다. 롯폰기힐스의 1일 방문객은 오픈 때부터 20년 동안 평균 약 10만 명에 달합니다. 모리빌딩이 스폰서인 리츠의 자산으로 편입되어 있지는 않지만, 아자부다이힐스는 모리빌딩의 테넌트 운영 능력을 확인할 수 있는 곳입니다. 외국인 관광객을 포함에 연간 3,000만 명의 발길이 닿을 것이라 예상됩니다. 모리빌딩의 자산인 힐스 시리즈는 내국인과 외국인을 가리지 않고 도쿄에 머무는 사람들의 눈과 발을 끌어당기고 있다고 해도 과언이 아닙니다.

눈으로 확인한 실물 부동산을 직접 구매하는 건 어려운 일입니다. 한국에서도 어려운데, 외국인으로서 다른 나라의 부동산을 구입하는 것은 결코 쉬울리 없습니다. 그러나 리츠를 활용하면 투자의 관점이 조금 달라집니다. 눈앞에 보이는 자산을 만들고 운영하는 회사의 능력을 바탕으로 리츠 투자를 하는 건 충분히 현실적인 투자 방법이라 할 수 있습니다. 사람들이 왜 그곳에 가고 좋아하는지에 대한 이유도 투자 가치를 평가하는 데 도움이 되는 요인입니다. 도쿄에서 상업용 부동산과 떼려야 뗄 수 없는 리츠 투자에 대한 관심도 함께 키워보면 어떨까요?

> **TIP**
>
> ### J리츠 실제 투자는 이렇게!
>
> J리츠에 투자하는 방법은 크게 3가지입니다. 일본 주식시장에서 엔화로 개별 리츠 종목에 직접 투자할 수 있습니다. 또한 일본 부동산 리츠 ETF에 투자하는 것도 가능합니다. 엔화로 투자할 수 있는 일본 부동산 리츠 ETF 대표상품은 Nomura NF REIT(1343), iShares Core J-REIT(1476), NIKKO J-REIT(2552) 등입니다. 사용 중인 증권사 홈페이지에서 해외 ETF 검색을 통해 상세 정보를 확인할 수 있습니다. 마지막으로 한국 시장에 상장된 리츠 ETF에 투자할 수 있습니다. 삼성자산운용의 KODEX 일본부동산리츠(H) 상품은 도쿄거래소에 상장된 모든 리츠가 담긴 TSE REIT 지수를 따라가며 시가총액은 146억 원 규모입니다.

PART
3

AZABUDAI HILLS

앞서 소개한 것처럼 도쿄는 지역별로 각기 다른 특색을 가진 종합 부동산 회사의 에리어 매니지먼트가 진행되고 있습니다. 그 지역에서만큼은 해당 회사의 영향력이 강력합니다. 가장 먼저 살펴볼 회사는 미나토구에서 힐스 시리즈를 개발하고 있는 모리빌딩입니다.

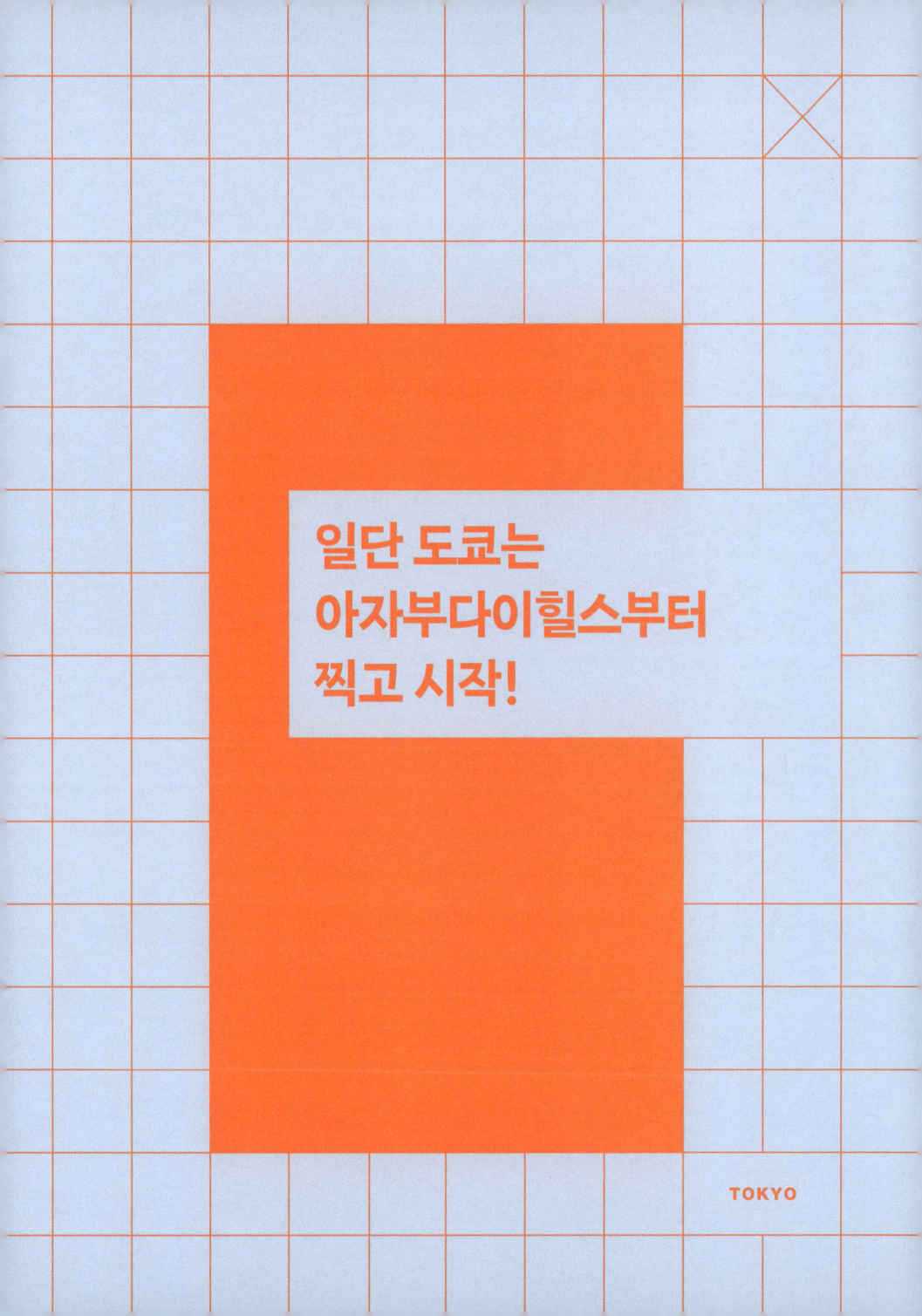

지금 일본에서 가장 트렌디한 곳이 어딘지 묻는다면, 대부분 모리빌딩의 에리어 매니지먼트 지역인 미나토구의 아자부다이힐스를 이야기할 것입니다. 모리빌딩이 '도시 속의 도시'를 제대로 구현했다고 평가받는 이곳의 연간 예상 방문객은 3,000만 명에 달합니다.

모리빌딩의 사장 츠지 신고는 도서 《도쿄대개조 2030》을 통해 "아자부다이힐스를 모리의 집대성이 아니라 미래형이라고 이야기하고 싶습니다. 시대에 따라 새로운 기술과 디자인이 더해지더라도 그 기반이 되는 조건 중 하나가 콤팩트하게 복합된 도시입니다."라고 밝혔습니다.

앞으로 모리빌딩 개발 방향과 미나토구의 변화를 가늠할 수 있는 공간 역시 힐스의 미래형인 아자부다이힐스인 셈입니다.

역사와 트렌드가 교차하는 미나토구

미나토구는 지요다구, 주오구와 함께 일본 도심 3구 중 한 곳입니다. 일본에서 가장 월세가 비싼 동네, 일본에서 평균 소득이 가장 높은 동네 등의 수식어를 가진 곳이기도 합니다. 아자부다이힐스가 문을 연 이후에는 일본에서 가장 높은 건물이 있는 동네라는 수식어가 추가되었습니다.

이 밖에도 미나토구를 설명하는 특징은 다양합니다. 우선 외국인 비율이 높습니다. 미나토구 전체 인구 중 외국인 거주자의 비율은 약 8%로, 도쿄 23구 중 상위 5개 구에 포함되는 수치입니다. 또한 일본 전역 외국계 기업 중 25%인, 약 800개 기업이 미나토구에서 오피스를 운영하고 있습니다. 롯폰기힐스만 해도 골드만삭스, 애플, 바클레이 등 대표적인 글로벌 기업이 여럿 입주해있습니다. 미국, 캐나다, 대한민국 대사관 등 일본 전체 대사관 중 약 50%에 달하는 81개의 외국 대사관(2023년 12월 기준)이 몰려있는 곳도 미나토구입니다.

과거로 거슬러 가면 미나토구는 일본 철도의 발상지였습니다. 신바시와 요코하마를 연결하는 일본 최초의 철도가 개통된 지 152년이 되었습니다. 그때부터 도쿄의 현관이라고 불린 신바시역도 미나토구에 자리하고 있습니다. 과거부터 현재까지, 미나토구가 도쿄의 '문'을 담당하는 중심지임은 변함없는 것 같습니다.

모리빌딩 '힐스' 시리즈의 시작
아크힐스

모리빌딩이 미나토구에 자리를 잡은 것은 집념의 힘 덕분입니다. 선대 창업주가 미나토구에 토지 일부를 보유하고 있었으나, 점처럼 퍼져 있고 면적도 넓지 않아 개발이 쉽지 않았습니다. 그러나 모리빌딩은 보유한 땅을 중심으로 오랜 시간에 걸쳐 주변 땅을 확보해나갔습니다. 주민들에게 신뢰를 주기 위해 모리빌딩의 직원들이 월 2회씩 소식지를 만들어 배포하였고, 사계절 이벤트를 열기도 했습니다. 처음 구입한 목욕탕은 마을 광장으로 만들고, 기부한 마을 회관에서는 영화 상영회도 열었습니다.

모리빌딩에 팔아서 빈집이 된 곳에는 모리의 직원들이 입주했습니다. 폐가처럼 변해가지 않고, 동네에 부정적 영향을 주지 않게 하려는 이유였습니다. 그들은 매일 아침 동네를 청소하고, 동네 아이들의 취미 선생님이 되었습니다. 그렇게 모리빌딩은 미나토구의 일원이 됩니다. 단순히 건물 하나를 개발하는 방향이 아니라 지역 전체의 개발부터 운영까지 진행하는 에리어 매니지먼트를 완성하기 위한 시작점이었습니다. 그렇게 탄생한 것이 '힐스' 시리즈입니다.

이름이 알려지지 않았던 모리빌딩의 첫 힐스는 1967년에 시작해 1986년에 완성된 아크힐스입니다. 무려 19년이 걸린 프로젝트였습니다. 당시에는 민간에 의한 일본 최초의 대규모 재개발사업이기도 했습니다. 이때부터 모리빌딩은 땅의 잠재력을 최대한 활용하려 노력합니다. 언덕도시를 만든다는 생각으로 '힐스'의 브랜드화를 시작했습니다. 더불어 오피스, 호텔, 문화시설, 상가, 주택 등 다양한 목적을 가진 공간들을 한번에 개발하는 복합개발을 시도합니다. 복합개발을 할 때에는 각자의 존재감과 편의성을 유지하면서 전체적인 통일성이 필요합니다. 그만큼 공간을 계획하고 구성하는 능력이 중요해지는 것입니다. 아크힐스를 통해 모리빌딩이 보여준 것도 공간의 기획과 구성, 운영 능력입니다. 일본 최초 클래식 전용 콘서트홀(산토리홀), 초고층 오피스타워와 호텔, 높이가 다른 주택 3개 동, 계단식 밭 모양을 살린 7개의 정원 등을 통해 개별 상품의 편의성을 살리면서 힐스의 전체 컨셉인 수직정원도시를 완성해 냈습니다.

TV아사히와의 인연도 이때부터 시작됩니다. 일본 4대 민영 방송사 중 하나인 TV아사히는 지금의 롯폰기힐스 지역에 본사 겸 방송 스튜디오를 가지고 있었으며, 새로운 본사 재개발을 계획 중이었습니다. 그러나 단독으로 재개발을 진행하기에는 어려움이 많았기에 아크힐스 개발 소식을 듣고 모리빌딩에 제안합니다. 아크힐스에 임시 방송시설을 만들고, 이후 TV아사히의 롯폰기 부지에 본사 재개발을 함께 하자는 제안이었습니다. 모리빌딩은 이 제안을 받아들였고, 아크힐스 지하에 방송스튜디오가 들어옵니다. 제안 당시의 TV아사히 건물이 현재 모리빌딩의 롯폰기힐스가 되었고, 그 맞은편에는 TV아사히 본사가 위치하고 있습니다.

약 40년이 지난 지금까지도 아크힐스는 하나의 동네이자 살아 있는 공간으로 운영되고 있습니다. 2월에는 스트로베리 페스티벌, 3월에는 사쿠라 축제, 6월에는 옥수수&완두콩 페스티벌 등 계절에 맞춰 지역을 묶어주는 행사들이 꾸준히 열립니다. 문화시설인 산토리홀은 연간 550여 개의 공연에 60만 명 이상의 관객이 찾는 세계적 수준의 클래식 공연장으로 유지되고 있습니다. 도쿄 내 다른 예술극장보다 대관비가 20% 비싸지만 대관 수요도 여전합니다. 세계 최고 오케스트라로 여겨지는 네덜란드의 로열 콘세르트허바우, 베를린 필하모닉, 오스트리아 빈 필하모닉 등도 산토리홀을 찾았습니다. 2019년에는 장기간에 걸쳐 적절한 유지보수를 실시한 건축물 중 우수한 건축물을 표창하는 BELCA상 롱라이프 부문을 수상했습니다. 이처럼 아크힐스는 오히려 시간이 쌓이면서 커뮤니티가 활성화되고, 삶과 일을 동시에 즐길 수 있는 복합공간으로 아이덴티티를 명확하게 완성해가고 있습니다. 주변에 최신 건물이 들어왔음에도 여전한 임대료와 가동율이 이에 대한 만족도를 나타내는 지표입니다.

문화도심 컨셉을 명확히 구현한 롯폰기힐스

2003년 민간에 의한 일본 최대 도시 재개발 프로젝트의 이름이 아크힐스에서 롯폰기힐스로 바뀝니다. 권리자 500명을 설득한 끝에 약 11만m² 부지에 호텔, 영화관, 쇼핑몰, 방송국, 레지던스 등 10여 개 건물이 들어간 복합타운 롯폰기힐스가 완성된 것입니다. 이곳은 매일 약 10만 명이 방문하는 도쿄의 명소가 되었습니다. 완공 20년이 지난 현재까지 유지되고 있는 기록입니다. 또한 롯폰기힐스는 도쿄의 변신을 알리는 신호탄 같은 역할도 했습니다. 롯폰기힐스의 성공을 통해 200m 이상의 초고층 빌딩을 중심으로 한 대규모 복합단지 건설이 도쿄 도심 재개발의 새로운 공식으로 여겨지게 됐습니다. 도쿄 미드타운, 긴자식스 등 초고층 건물 중심의 개발이 이어진 것만 봐도 알 수 있는 부분입니다.

다만, 모리빌딩의 복합개발에서 놓치면 안 되는 부분은 단순히 초고층을 지어 올렸다는 사실이 아닙니다. 모리빌딩은 경제 논리 중심의 접근을 바꿔 공간의 컨셉을 명확히 선보였습니다. 롯폰기힐스의 컨셉은 '문화도심'입니다. 영어로는 'Artelligent$^{Art+Intelligent}$ City'로 표현됩니다. 말 그대로 아트와 인텔리전트가 어우러진 복합타운을 목표로 한 것입니다. 모리빌딩의 회장 모리 미노루는 문화도심 컨셉에 대해 "삶과 일, 그리고 쇼핑 사이에 가볍게 세계의 아트를 접하고, 최고의 사람들에게서 배우고, 그 시점의 가장 핫한 사람들과 교류할 수 있는 장소와 기회와 시간이 있는 도시"라고 정의했습니다.

이에 앵커시설로 최고층에 기획전 중심의 현대미술관인 모리 아트센터를 열었습니다. 퇴근 후 언제든 방문할 수 있도록 오후 10시까지 문을 열고, 미술에 익숙하지 않은 이들도 쉽게 접근이 가능하게 전망대와 함께 운영합니다. 2018년 일본 전역 미술관 중 방문자 수 1, 2위를 기록하기도 했습니다.

미술관 안에만 예술품을 둔 것은 아닙니다. 사람들이 롯폰기힐스를 처음 대면하는 입구 앞에는 루이스 부르주아의 '마망'(커다란 거미 모형 조각품)이 설치되어 있습니다. 대부분 롯폰기힐스를 떠올릴 때 이야기하는 '그 거미'입니다. 처음 오는 사람도 쉽게 찾을 수 있는 상징물인 동시에 마치 거미줄이 연결되어 있는 것처럼 많은 이들이 롯폰기힐스를 떠올리는 연결물의 역할도 하고 있는 셈입니다. 실제 모리빌딩이 '마망'을 설치한 이유도 전 세계 사람들이 롯폰기힐스에서 거미줄처럼 서로 만나고 연결되어 새로운 것들이 탄생하길 바라는 의미였다고 합니다. 그 밖에 벤치, 버스 정류소 등에도 생활에 함께하는 것처럼 현대미술품이 자연스럽게 자리하고 있습니다.

49층에 자리한 아카데미힐스도 컨셉에 충실한 공간입니다. 임대 회의실과 자기만의 서재 느낌을 살린 회원제 라이브러리, 하버드 비즈니스 스쿨 등과 연계한 강좌, 비즈니스와 경영코스 등이 포함된 자기개발 과정 등 다양한 프로그램이 운영됩니다. 회원제 클럽인 '롯폰기힐스 클럽'이나 '그랜드 하얏트 호텔'도 라이프 스타일을 지원하는 커뮤니티이자 거점시설의 역할을 하고 있습니다.

롯폰기힐스를 방문했을 때 '문화도심'이라는 컨셉이 처음 느껴진 부분은 광장이었습니다. TV아사히 건물과 모리빌딩 사이에 마련된 광장의 야외 미디어월에서는 방송이 나오고 있었습니다. 그 앞으로 테이블이 놓였고 사람들이 앉아 방송을 보거나 개인 시간을 보내고 있었습니다. 퇴근 시간 무렵이었음에도 미디어에 집중하는 사람들의 모습이 인상적이었습니다. 반대로 롯폰기힐스를 찾은 관광객들은 한결같이 마망을 찍고 있었습니다. 20년이 지나 마망의 거대함은 줄어든 느낌이지만 여전히 롯폰기힐스를 찾는 전 세계인들의 랜드마크였습니다. 모리빌딩이 처음 마망을 롯폰기힐스 입구에 세웠던 의미가 20년째 이어지는 모습이었습니다.

리테일 브랜드에서도 '문화' 키워드를 느낄 수 있습니다. 예를 들면 데님과 아메카지룩(아메리칸 캐주얼의 일본식 옷차림)에 진심인 브랜드 캐피탈Kapital 매장 같은 곳입니다. 뉴진스가 입어 한국에서도 핫한 브랜드 중 하나입니다. 롯폰기힐스 캐피탈레그즈 매장은 동양문화를 잘 담아내 민예관에 온 것 같은 분위기가 납니다. 민속의상이나 에스닉한 스타일의 제품이 예술작품처럼 느껴지는 것도 인상적입니다.

이렇게 하나로 연결되는 컨셉을 확인하면서 모리빌딩이 직접 운영하고 있다는 점에 집중했습니다. 롯폰기힐스가 문을 열 당시 일본 경제를 이끄는 회사들이 이곳으로 모여들었고 야후 재팬이 4개 층, 라쿠텐이 3개 층, 골드만삭스가 6개 층, 리먼브라더스가 5개 층을 사용하는 등 IT와 금융관련 기업 40여 개사가 입주했습니다.

층당 월 임대료가 3~4천만 엔으로 인근 시세보다 2배 이상 비쌌지만 공실은 없었습니다. 덕분에 롯폰기힐스 입주가 꿈인 IT 기업도 많았습니다. 입주 자체만으로 실력을 인정받는 '입주 프리미엄'이 존재했기 때문입니다. 이런 기조는 유사 모델이 없던 2003년에도, 세월이 흐른 지금도 크게 다르지 않습니다.

그 바탕에는 역시 모리빌딩의 '운영'이 있습니다. 〈HILLS LIFE〉라는 생활잡지 간행과 도시 육성 프로그램 등을 지속적으로 운영하며 힐스라는 브랜드를 꾸준히 관리하고 있습니다. 컨셉을 정하고, 컨셉에 맞는 시설을 기획한 후 20년이 넘는 시간 동안 꾸준히 새로운 프로그램을 만들어온 것이야말로 모리빌딩이 가진 운영의 힘을 보여주는 사례라고 할 수 있습니다.

일본 배우 아오키 무네타카는 롯폰기힐스가 제작하는 매거진 〈Beauti-Full Things〉와의 인터뷰에서 "롯폰기힐스는 가족이나 친구를 데려와도 좋고, 해외 친구와 함께 해도 기뻐할 장소라고 생각했다. 미술관과 영화관 등 즐길 거리가 있고 다양한 이벤트도 개최되고 있다. 1년 내내 어느 타이밍에 와도 그때만의 즐거움이 있다. 여전히 모르는 매력이 있다고 생각하기 때문에 앞으로도 계속 오고 싶다."고 말했습니다. 20년이라는 시간이 쌓였지만 낡은 공간이 되기보다 언제 와도 좋은 공간이자 좋아하는 사람들과 함께 하고 싶은 공간이라는 의미가 담겼습니다.

실제 롯폰기힐스가 문을 연 무렵에도, 6년 전에도 이곳을 방문했지만 언제 와도 지루하지 않은 곳입니다. 기존에 있던 브랜드는 어떻게 운영되고 있으며, 새롭게 생긴 브랜드는 무엇이 있는지 찾아보게 됩니다. 마망 뒤편에서 보는 도쿄타워의 야경도 여전히 멋있습니다. 익숙함과 새로움, 볼거리와 즐길 거리를 모두 갖춘 곳, 여전히 도쿄의 랜드마크라 불리기에 손색없습니다. 처음 문을 열 당시보다 '핫함'은 줄어들었지만, 삶의 일부가 된 듯한 모습입니다. 기획에서 끝나는 것이 아니라 꾸준히 컨셉을 유지하는 운영이 더해졌을 때 공간이 삶에 스며드는 것 같습니다. 죽은 공간이 아니라 살아있는 공간이 되는 것입니다. 롯폰기힐스가 여전히 한 해 약 4,000만 명이 찾는 도쿄의 명소라는 사실이 이를 증명합니다.

랜드마크로 재탄생한 지역 중심지 오모테산도힐스

모리빌딩의 힐스 시리즈 중 시부야구에 있는 빌딩이 오모테산도힐스입니다. 과거 오모테산도는 넓은 가로수길을 가진 주택가였습니다. 그것도 기존의 일본식 목조건축물이 아닌 서구식 아파트단지가 있었습니다. 3층 높이 10개 동으로 지어져 1927년 완공된 '도쥰카이 아오야마아파트'가 주인공입니다. 이 아파트는 근대적 도시 주거 문화의 상징이자 동경의 대상이었습니다. 이후 2차 세계대전을 겪으면서도 튼튼한 구조 덕분에 살아남아 오모테산도 거리의 중심지 역할을 했습니다. 약 70년의 세월이 흐른 1997년, 더 이상 재개발을 미룰 수 없는 상태였기에 이곳의 권리자들은 모리빌딩을 선정해 본격적인 재개발에 들어갑니다.

당시 일본의 두 부동산 회사 미쓰이부동산과 모리빌딩은 이 아파트의 일부를 매입해 소유하고 있었습니다. 미쓰이부동산이 더 많은 세대를 확보하고 있었지만, 사업은 모리빌딩이 진행하게 되었습니다. 이는 지역에 대한 모리빌딩의 의지가 반영된 부분입니다. 급성장 중이던 오오사키 지역의 소유부지를 맞교환 형태로 미쓰이부동산에 주며 오모테산도 개발에 집중합니다. 활성화된 지역의 가치를 좀 더 끌어올리는 복합개발을 계획했습니다. 패션중심지였으나 패션쇼가 불가능할 정도로 작은 건물과 주거 기능이 약화된 거리를 가진 지역적 과제를 해결하고자 했던 것입니다. 아오야마 아파트가 가진 역사성과 상징성을 살리면서 새로운 상업시설의 역할을 할 수 있는 공간을 만들어야 했습니다. 모리빌딩은 이를 해결해줄 인물로 안도 타다오를 선택해 그에게 설계를 의뢰했습니다. 그는 복합시설 내 주거 공간 확보, 가로수길이라는 특징을 살려 건물 높이 제한, 오모테산도 지역과의 연결성, 기존 건축물의 보존 등을 주요 방향으로 설계를 진행해 기대를 충족시켰습니다.

오모테산도힐스는 소호SOHO 주택을 컨셉으로 해 상층 2개 층에 38세대를 구성했습니다. 모든 세대에서 가로수길이 보이는 구조이며, 출입부를 완전히 분리해 주거의 편의성을 높였습니다. 건물 높이에 제한이 있었기 때문에 지하 공간을 상업화하고 내부에 언덕길을 만들어 리테일 공간을 연출했습니다. 건물 속에 또 다른 거리가 만들어지는 구조로 완성한 것입니다. 수직으로 이어진 계단이 인상적인 중앙 공간은 광장형으로 풀어냈습니다. 매 개발마다 하나의 동네를 만들듯, 사람들이 소통할 수 있는 광장의 역할은 살리면서 오모테산도 지역의 특성을 충분히 반영했습니다. 오모테산도힐스의 남측 입구에는 옛 아오야마 아파트의 모습도 복원했습니다. 이로써 모리는 '미디어십' 컨셉의 지하 3층, 지상 3층으로 구성된 저층형 복합개발의 새로운 모델을 완성했습니다.

미디어십 컨셉은 건물 전체가 사람과 지역, 세계를 이어주는 미디어로서의 역할을 한다는 의미를 담고 있습니다. 패션, 아트, 라이프 스타일을 발신하는 공간인 셈입니다. 패션의 중심지인 오모테산도의 특성을 살려 패션 감도가 높은 사람들을 주요 타깃으로 했습니다. 특정 브랜드를 리테일로 입점시키기보다 편집숍 중심의 구성을 꾸민 것도, 워낙 다양한 브랜드를 만날 수 있는 오모테산도 거리의 특성을 충분히 이해했기에 가능한 결정이었습니다.

오모테산도힐스에는 골프, 건강 등 사람들의 취미나 일상적인 라이프에 필요한 상품을 판매하는 브랜드가 많습니다. 특히 남성과 여성용품을 한 번에 판매하는 곳들이 대부분입니다. 기존 쇼핑 센터처럼 동일 브랜드지만 라인을 구분해 매장을 운영하기보다 한 매장에서 대부분의 라인을 구매할 수 있는 구조로 바꿨습니다. 전체 공간이 높거나 넓지 않고 생활하는 사람들의 편의를 생각한 운영 방안입니다. 피부과학에 따라 건강한 피부를 만드는 스킨케어 브랜드 오사지, 현대 정장에 슈퍼 같은 합리성을 살리겠다는 포부로 문을 연 패션 브랜드 K-3B 등 명품 브랜드가 아닌 일본 고유의 브랜드들도 많이 보였습니다. 애견용품숍, 꽃집, 피트니스 센터, 메디콤 토이 플러스와 같은 취미숍 등 생활 공간에 있을 법한 매장들도 있었습니다. 시즌에 맞춰 이벤트 매장을 운영하기도

합니다. 올여름은 일본 전역의 특징 있는 재료를 활용해 일본스러움이 넘치는 빙수를 모은 '일본을 여행하는 어른의 빙수' 매장이 자리를 잡았습니다.

약 20년이 지난 요즘도 오모테산도힐스의 미디어 역할은 진행형입니다. 2022년에는 향수 브랜드 조말론에 지하 전시 공간을 단기 임대하고 중앙부에 1만 4천여 개의 작은 풍선으로 이어진 9m 높이의 플로팅 트리 '데이지 벌룬'을 설치했습니다. 브랜드와의 협업을 통해 건물의 가장 구석까지 트래픽을 유도하며 유입을 만들었습니다. 이벤트도 매년 주기적으로 진행합니다. 관광객을 대

상으로 한 상점들이 넘치는 오모테산도에서 생활하는 이들을 위한 브랜드가 유독 많고, 그들이 즐길 수 있는 이벤트를 꾸준히 여는 것은 지속성을 보여주는 부분입니다.

오모테산도힐스가 안도 타다오의 건축물을 보러 한번 오는 곳이 아니라 자주, 쉽게 찾는 생활 공간으로 여전히 파워를 가진 분위기라서 반가웠습니다. 문을 열 당시 중앙 계단을 보면서 "우아!"를 외쳤다면 지금은 디테일하게 숨겨진 공간들을 발견하는 재미가 있습니다. 핫플레이스였던 곳들은 시간이 조금만 지나도 별 볼일 없는 곳이 되기 쉽습니다. 처음의 놀람이 강한 만큼 쉽게 지루해지는 것입니다. 그렇기에 공간은 꾸준히 사람들에 맞춰 변화하면서 사람들과 함께 발전해야 합니다. 발길을 유지하는 힘이 여기에서 나옵니다. 오모테산도힐스는 개발부터 운영되는 현재까지 그 지점을 잘 공략하고 있다는 생각이 듭니다.

프로페셔널 보헤미안들의 공간
도라노몬힐스

도라노몬힐스는 '글로벌 신도심, 글로벌 비즈니스 센터'를 컨셉으로 합니다. 외국계 기업 본사를 도쿄로 오게 만들자는 목표를 가지고 시작된 도시재생 대상지였습니다. 2002년부터 개발에 들어가서 2014년 도라노몬 모리타, 2020년 비즈니스 타워, 2022년 레지덴셜 타워, 2023년 스테이션 타워까지 차례로 문을 엽니다. 글로벌 신도심이라는 키워드에 맞게 글로벌 플레이어들의 일과 삶을 지원하는 리테일 시설들이 들어섰습니다. 프로페셔널하지만 어디에도 얽매이지 않는 보헤미안 라이프 스타일에 맞춰 공간을 완성한 것입니다.

보헤미안 라이프의 핵심 시설 중 하나로 글로벌 브랜드 안다즈 호텔이 자리하고 있습니다. 덕분에 도라노몬힐스 1층은 누구나 앉아서 쉴 수 있고, 짧은 일도 가능한 호텔 로비와 비슷하게 꾸며져 있습니다. 그러면서도 개개인의 프라이버시를 위해 공간이 명확하게 나눠져 있는 것도 인상적이었습니다. 세계와 도쿄 도심을 연결하는 새로운 현관의 역할을 할 수 있도록 교통 기능도 강화했습니다. 약 1,000m² 규모의 버스 터미널을 만들어 공항이나 도심과 연결합니다. 공항 리무진 버스를 통해 하네다 공항에 바로 접근 가능하도록 했으며, 히비야선과 긴자선을 지하 통로로 연결해 교통 네트워크를 더욱 강화했습니다.

이 밖에도 새로운 가치와 체험, 정보를 발신하는 정보 발신 거점 '도쿄 노드TOKYO NODE', F&B 집결지 '티-마켓T-Market', 일하는 사람을 위한 리테일 매장들에서도 이 건물이 가지는 컨셉이 드러납니다. 결절점을 의미하는 도쿄 노드는 도라노몬힐스의 앵커 시설입니다. 도쿄에 왔을 때 기억에 남는 공간을 만들겠다는 목표를 가지고 도쿄에서 발신되는 여러 정보를 접할 수 있는 곳으로 구성했습니다. 도라노몬 스테이션 타워 8층과 45-49층에 자리하고 있으며 갤러리와 홀, 실험실, 레스토랑, 카페, 옥상 인피니티 풀과 정원 등으로 구성되어 있습니다. 8층은 '도쿄 노드 랩TOKYO NODE LAB'으로 기업과 크리에이터가 협업해 도시 체험 콘텐츠를 만들어 내는 곳입니다. 3D 영상의 녹화, 편집, 배포가 가능한 최신형 스튜디오가 자리하고 있습니다. '도쿄 노드 카페TOKYO NODE CAFE'에서는 '몸과 환경 모두에 이롭고 맛있는 음식'을 키워드로 하여 친환경 식자재로 만든 요리를 즐길 수 있습니다. 지상 250m에 위치한 인피니티 풀도 놓칠 수 없는 시설입니다. 도쿄의 거리와 하늘이 파노라마처럼 펼쳐지고, 바로 앞 황궁의 모습을 한눈에 담을 수 있는 장소입니다. 아시아인 최초로 프랑스에서 미슐랭 3스타를 받은 고바야시 케이 셰프의 새로운 레스토랑과 미슐랭 1스타를 받은 키타무라 케이타 셰프의 프렌치 레스토랑도 이곳에 위치하고 있습니다.

도쿄에서 만난 힐스족이자 인플루언서인 쿠라라의 추천 공간도 도라노몬힐스에 있습니다. 도쿄 메트로 히비야선의 도라노몬힐스역과 거리 전체 개발을 통해 만들어진 지하광장 '스테이션 아트리움'입니다. 개찰구를 나오자마자 만나게 되는데 지하임에도 충분히 밝아 외부 공간 같은 느낌이 듭니다. 여기에 27개의 다양한 F&B 매장과 사람들이 쉬고 즐길 수 있는 공간으로 구성된 티-마켓이 자리하고 있습니다. 식물을 활용한 인테리어와 나무 소재의 가구, 획일적이지 않은 원형 공간을 구성해 마치 유럽의 마켓을 연상시킵니다. 사람들이 자연스럽게 만나고 즐기는 공간이라는 인상이 강합니다. 도라노몬힐스의 리테일 구성도 비즈니스 플레이어들을 위한 브랜드들이 많습니다. 그중 눈에 띄었던 곳은 '어반 파미마Urban-Famima'입니다. 어반 파미마는 패션잡화 브랜드 어반리서치와 훼미리마트가 결합한 공간입니다. 들어서는 순간 입고, 먹고, 생활하는 것을 한 번에 경험할 수 있도록 꾸며져 있습니다. 편의점과 패션의 만남을 통해 일상적이면서도 특별한 공간을 완성했습니다.

일본 하이엔드 라이프의 끝
아자부다이힐스

아자부다이힐스는 지금까지의 힐스 시리즈를 잇는 마침표이자 미래형 힐스의 시작점입니다. 미나토구 내에서도 낙후 지역으로 꼽히던 곳을 모리빌딩이 34년에 걸쳐 개발했습니다. 모리빌딩 사장 츠지 신고는 "주택, 호텔, 녹지, 문화시설, 오피스 등 공간이 모여 있는 곳에 사람과 자본이 끌린다. 그것이 자력 있는 거리가 되는 것이다."라고 말했을 정도로 자력 있는 공간을 만들어내는 것에 집중했습니다. 사람이 살기 위해 필요한 필수 공간을 모두 구현해내려 노력한 것입니다. 특히 훌륭한 오피스만으로 글로벌 기업이나 글로벌 플레이어들의 선택을 받을 수 없다는 점에 집중해 그들이 살 수 있는 주택, 어린아이를 키울 수 있는 교육 환경과 의료시설, 꾸준히 자극을 제공하는 문화시설 등 종합적인 환경을 만들었습니다. 그 결과 국제학교인 '브리티시 스쿨 인 도쿄', '게이오 요시토 대학 치료센터', '아자부다이힐스 마켓' 등이 들어섰습니다.

아자부다이힐스의 외관을 본 첫인상은 압도적이었습니다. 사실 높이보다는 수평형 공간이 주는 넓이에 압도되었다는 것이 더 정확한 표현입니다. 다른 힐스 시리즈의 공간들은 빌딩 또는 건물이라는 인상이었다면 아자부다이힐스는 빌딩이 아니라 거리, 동네, 대규모 공원이 이어진 느낌이 강했습니다. 모리빌딩이 동네 만들기를 컨셉으로 했다는 사실을 알고 있음에도 동네가 아니라 건물이 보였던 것과 확연하게 차별화되었습니다. 이유는 가운데로 길게 뻗은 도로와 그 주변을 둘러싼 녹지의 영향인 듯합니다. 위로 높은 건물들이 서있지만 명확하게 보이는 녹색의 공간들이 모든 것을 감싸안아 하나로 만들어주는 것 같은 모양입니다.

이런 느낌은 실제 데이터와도 일치합니다. 수치상 아자부다이힐스의 녹지 면적이 다른 힐스시리즈보다 훨씬 넓었습니다. 롯폰기힐스가 전체 면적의 10분의 1이 녹지라면, 아자부다이힐스는 3분의 1을 녹지에 활용했습니다. 더욱이 건물을 먼저 짓고 경관을 만든 것이 아니라 광장을 중심으로 경관을 구성하고 그 안에 자연스럽게 어우러지도록 건물을 배치했다는 차이도 있습니다. 이런 차이가 아자부다이힐스를 마주하는 첫인상에서 고스란히 느껴진 것입니다. 녹색으로 둘러싸인 '사람'과 사람을 연결하는 '광장'과 같은 도시, Modern Urban Village모던 어반 빌리지를 컨셉으로 Green그린과 Wellness웰니스라는 키워드가 녹여져있는 공간이 아자부다이힐스입니다. 결국 도시는 '사람이 모여 환경과 조화를 이루며 사는 곳'이라는 개념을 보여주었습니다.

힐스의 미래형
아자부다이힐스는 무엇이 다를까?

모리빌딩이 생각하는 콤팩트 시티의 모습에는 몇 가지 공통점이 존재합니다. 특히 모리빌딩 개발의 주요 타깃이 글로벌 플레이어임을 고려하면, '전 세계를 무대로 활약하는 글로벌 플레이어들의 삶에 무엇이 필요할 것인가?'라는 질문에 대한 답을 풀어내고 있음을 알 수 있습니다. 그럼에도 지금까지의 힐스 시리즈와 아자부다이힐스는 조금씩 차이를 보입니다. 공간 구성은 공통적이지만, 그 안을 채운 브랜드와 의미는 조금 더 발전했습니다.

첫 시설은 호텔입니다. 아크힐스의 ANA인터컨티넨탈 도쿄, 롯폰기힐스의 그랜드 하얏트 도쿄, 도라노몬힐스의 안다즈 하얏트에 이어 아자부다이힐스에는 아만 호텔 앤 리조트의 새로운 브랜드인 '자누'의 첫 호텔이 들어섰습니다. 자누 도쿄의 다른 수식어는 '웰니스 끝판왕'입니다. 모리빌딩이 아자부다이힐스에 키워드로 잡았던 웰니스와 연결되는 공간이기도 합니다. 자누 도쿄에 있는 웰니스 센터에는 도쿄에서 가장 큰 체육관이 있습니다. 온천치료와 수치료까지 가능합니다. 아만 리조트 이외의 공간에 독립형

으로 문을 연 첫 아만 에센셜 부티크 매장입니다. 오직 아자부다이힐스에서만 경험할 수 있는 공간인 셈입니다.

또 다른 시설은 문화시설입니다. 문화도심을 컨셉으로 했던 롯폰기힐스의 모리 아트센터, 공간 자체가 미디어의 역할을 하며 문화 발신지가 된 오모테산도힐스의 확장형이 아자부다이힐스입니다. 모리빌딩은 '거리 전체가 뮤지엄'이라는 테마로 아자부다이힐스 갤러리를 만들었습니다. 예술, 패션, 엔터테인먼트 등 다양한 장르의 문화를 담는 공간으로 활용할 수 있도록 꾸몄습니다. 지하에는 이미 많은 이들을 사로잡은 '모리빌딩 디지털 아트 뮤지엄 : 엡손 팀 랩 보더리스'가 이전했습니다. 여기서 새로운 작품이나 일본에 공개되지 않은 작품을 선보인다고 합니다. 아자부다이힐스 곳곳에 자리한 예술품 또한 의미를 담고 있어 하나씩 찾아보는 재미가 있습니다.

마지막은 생활을 윤택하게 만드는 상업시설입니다. 힐스는 하나의 목적만 가진 공간이 아닙니다. 누군가에게는 집이고, 누군가에게는 여행지이며, 누군가에게는 회사입니다. 그럼에도 대부분의 이들에게 공통적으로 중요한 부분이 F&B 영역일 것입니다. 먹는 일을 소홀히 하기는 어렵습니다. 이에 모리빌딩은 호텔과 백화점의 장점을 섞어 F&B 영역을 완성했습니다. 백화점의 슈퍼마켓 운영 방식을 모리빌딩 스타일로 풀어내 직접 운영하는 곳이 아자부다이힐스 마켓입니다. 생필품도 팔지만 도쿄를 대표하는 34개 브랜드들이 입점해있다는 점이 특히 눈길을 끕니다. 34개 브랜드의 면면은 모두 일본 최고라는 평이 아깝지 않습니다. 도쿄 메구로에 본점이 있는 '토리시키'는 미슐랭을 받은 도쿄 1위 야키토리 전문점입니다. 타베로그 댓글에는 전화를 1,000번 해서 예약에 성공했다는 내용이 있을 정도로, 도쿄 사람들도 가기 어려운 레스토랑이기도 합니다. 이곳이 아자부다이힐스 마켓에 있습니다. 하루에 5번 닭꼬치 구이가 나오는 시간이 정해져 있습니다. 그 옆에 문을 연 지 100년도 넘은 닭고기 전문점 '토리토'가 있습니다. 엄선한 닭고기를 사용해 요리하는 곳입니다. 일본 최고라 불리며 유명 스시집에 생선을 제공하는 생선가게 '야마유키'도 있습니다. 이들이 판매하는 생선을 식재료로 살 수도 있고, 바로 먹고 싶으면 초밥이나 요리로 즐기는 것도 가능합니다. 모든 가게에는 장인이 있어서 소비자가 원하는 요구를 실현해줍니다. 초밥을 먹고 싶다면 일본을 대표하는 스시야 '스시 사이토'도 만날 수 있습니다. 사이토의 생선을 책임지던 곳이 야마유키이기도 합니다.

이렇듯 주문 조리가 가능한 시스템으로 운영되고 있기 때문에 식재료부터 내가 원하는 방식으로 요리된 도시락까지 모두 선택할 수 있습니다. 모르고 지나치면 일반적인 백화점 식품관처럼 보일 수 있지만, 하나씩 자세히 들여다보면 일본을 대표하는 곳들이 빼곡히 자리 잡고 있음을 알 수 있습니다. 교토에 본점이 있는 청과 전문점 '야오이치', 1912년에 문을 연 정육점 '히야마 와규', 100년 역사를 가진 전통 쌀집 '스미다야' 등 어느 부분에서도 빠지지 않는 음식의 총집합을 경험할 수 있습니다.

약 150곳의 점포들로 구성된 상업시설도 평범하지 않습니다. 매장마다 아자부다이힐스에 위치한 이유가 담겨있는 느낌입니다. 1942년 아사쿠사에서 창업해 단 2종류의 빵(식빵, 롤빵)으로 도쿄 전역의 사람들을 찾아오게 만들었던 빵집 '펠리칸'. 이 브랜드는 지역에서 사랑받는 가게를 만들겠다는 의지로, 점포의 수를 늘리기보다 장인을 키우고 상품의 질을 유지하는 것에 집중했습니다. 그럼에도 첫 출점을 아자부다이힐스에 '펠리칸 카페'로 한 것은 "건물을 짓고 끝나는 게 아니라 거리를 만들자는 모리빌딩의 자세에 공감했기 때문"입니다. 현재 4대째로 브랜드를 이끄는 와타나베 리쿠 전무는 인터뷰를 통해 "모리빌딩의 직원들이 몇 번씩 찾아와 설득하고 이해시켰다. 그 과정에서 신념 없이 이익만 생각하면 할 수 없는 아자부다이힐스 개발 프로젝트를 알게 되었고, 이 사람들이라면 뭔가 함께 할 수 있겠다고 생각했다."라고 밝혔습니다. 매일 먹을 수 있는 밥 같은 빵이라는 브랜드 아이덴티티를 지키기 위해 매일 오후 2시 공방에서 갓 생산한 빵을 가져와 한정 수량으로 판매합니다. 다만 기존과 다른 아자부다이힐스 고객 분위기에 맞춰 유명 요리사와 컬래버레이션 한 샌드위치 2종을 판매하는 등 약간의 변화도 추구합니다. 도쿄를 방문하기 전, 펠리칸의 브랜드 스토리를 바탕으로 제작된 다큐멘터리 영화 〈펠리칸 베이커리〉를 보며 이곳의 빵을 꼭 먹어보겠다고 생각했기에 아자부다이힐스에서 브랜드를 만나자마자 반가운 마음이 들었습니다. 도쿄에서 식빵 1위 브랜드인 동시에 아자부다이힐스에 위치한 매장에서만 경험할 수 있는 메뉴까지 갖추고 있는 곳이니 도쿄를 방

문했다면 한 번쯤 가볼 만한 곳이라고 생각합니다.

　　타임지와 아메리칸 익스프레스가 뽑은 세계 톱10 비건 식당인 플랜트 베이스(식물성) 레스토랑 '알케미'도 첫 출점이 아자부다이 힐스입니다. 건강뿐 아니라 다양한 조리법을 통해 먹는 재미까지 추구하는 브랜드답게 30여 가지의 토핑 중 원하는 것을 직접 선택할 수 있도록 구성한 샐러드바가 인상적이었습니다. 길티 프리 디저트를 즐길 수도 있습니다. 이 매장 역시 모리빌딩이 키워드로 삼은 그린&웰니스에 부합합니다. 제철 재료에 어떤 것도 첨가하지 않은 건강 주스를 판매하는 '도쿄 주스', 전국 60여 개 생산자가 정성스럽게 기른 식재료로 음식을 만들어 제공하는 '라신' 등 건강하고 맛있게 먹을 수 있는 레스토랑이 다양하게 위치하고 있습니다. 이 밖에도 교토에서 출발한 커피 브랜드 '아라비카'의 첫 도쿄 출점 매장, 오사카에서 인기를 얻은 프렌치 레스토랑 '리에종'의 첫 도쿄 출점 매장 등 처음 도쿄에 소개되는 매장들도 많이 입점했습니다.

로마 교황이 인정한 세계에서 가장 작은 향수 제조소 '칼투지아', 퀄리티가 다른 타월 브랜드 '트루 타월', 관리 영양사가 상주하며 이너 뷰티를 분석해 고객 맞춤형 지도를 해주는 건강 브랜드 '에스테 프로 라보', 주얼리 브랜드 '미오 하루타카'의 세계 유일 직영점, 라이프 스타일 편집숍인 '콘란숍' 등도 입점해있습니다. 더 잘 살기가 웰니스를 의미한다면 브랜드 선정과 운영만 봐도 아자부다이힐스가 얼마나 웰니스라는 컨셉에 진심인지 충분히 느껴졌습니다.

이 모든 것의 중심
모리빌딩의 타워 매니지먼트

다른 회사에 없는 타워 매니지먼트라는 조직을 운영하며 공간의 컨셉 구현과 운영에 진심인 모리빌딩다운 리테일 구성입니다. 모리빌딩은 짓고 분양해 수익을 창출하기보다 100% 운영 관리를 통해 지속적인 수익을 창출합니다. 그렇기에 공간을 활용하는 사람들, 타깃으로 정의한 사람들의 라이프 스타일과 관심사를 더 상세하게 파악하고 그에 맞는 서비스를 제공하고자 합니다.

아자부다이힐스의 주차 서비스 운영 관리만 봐도 알 수 있습니다. 힐스앱을 활용하면 한 개인이 차량 5대, 공유 사용자를 4명까지 등록할 수 있습니다. 등급에 따라 주차 요금 할인도 차등 적용되고 스마트폰으로 결제까지 한 번에 진행할 수 있습니다. 등급은 힐스에서 사용하는 연간 사용액에 따라 4단계로 나눠집니다. 힐스의 모든 매장이나 시설을 이용하면 힐스 포인트가 쌓이는데, 이 포인트는 다시 힐스에서 사용할 수 있습니다. 불편한 주차로 인해 차량을 가지고 쇼핑센터 또는 백화점을 방문하기 어렵던 도쿄 사람들에게 편의성을 제공하며, 힐스로 오는 이유를 만들어주는 것입니다. 어떻게 생각하면 사소하다고 느낄 수 있지만, 공간에 지속적인 트래픽을 만들고 신규 유입을 일으키는 요인이 될 수 있습니다. 이 부분이 섬세한 운영 노하우 중 하나이기도 합니다.

거대한 재개발이 이뤄지면 거리와 도시, 사회 전반에 미치는 영향력이 커질 수밖에 없습니다. 더불어 한번 개발된 공간은 50년 이상 유지됩니다. 모리빌딩은 에리어 매니지먼트를 통해 한 거리 전체, 또 하나의 도시를 만들어가고 있기 때문에 명확한 컨셉을 구현하는 공간 디자인에서 그치지 않고 공간을 이용하는 사람들에게 어떤 가치를 제공할 것인지에 대해 고민했습니다. 그 고민은 리테일 운영과 특성을 살린 이벤트 프로모션 등으로 나타납니다. 주요 리테일에 집중해 아자부다이힐스를 둘러본 이유이기도 합니다. 아자부다이힐스는 '유일'과 '첫'이라는 표현이 잘 어울리는 공간입니다. 그렇기에 모두가 트렌디하고 핫하다고 느끼는 것입니다. 그러나 단순히 눈길을 끌기 위해 또는 화제를 일으키기 위해 선택한 브랜드들이 아닙니다. 도쿄의 음식을 글로벌 플레이어들에게 알리겠다, 이곳에 사는 이들에게 건강하고 즐거운 삶을 제공하겠다, 이곳을 이용하는 이들이 최고의 서비스를 경험하도록 하겠다는 가치를 품고 있습니다. 그렇게 자력이 있는 거리를 만들어가는 것입니다. 이것이 모리빌딩만의 차별점이자, 그들이 생각하는 미래형 힐스의 모습입니다.

모리빌딩 힐스 시리즈 개발 및 운영 요약

	아크힐스	롯폰기힐스
개발 기간	1967~1986	1986~2003
컨셉	생활 중심의 복합도시	문화도심
타깃	일본 내 주요 비즈니스 피플	인텔리전트 피플
앵커 테넌트	콘서트홀, 방송 스튜디오, ANA 인터컨티넨탈 도쿄	모리 미술관, TOHO 시네마즈, 그랜드 하얏트 도쿄
메인 오피스	금융 기업	IT, 금융 기업
프로그램	아크힐스 사쿠라 축제, 힐스 마르쉐 등	롯폰기힐스 자치회, 롯폰기힐스 퍼블릭 아트&디자인 프로젝트, 힐스 워크숍 등
주요 브랜드	오카토, 사이조 이시이 등 생활 중심 매장 운영	명품 및 글로벌 브랜드를 비롯한 일본 대표 패션 브랜드인 빔즈(beams), 캐피탈 등 94개 브랜드 숍, F&B 매장 114개 운영

오모테산도힐스	도라노몬힐스	아자부다이힐스
1995~2006	2008~2023	1989~2023
지역과 조화되는 미디어	국제 신도심, 글로벌 비즈니스 센터	Modern Urban Village - Green & Wellness
패션, 문화 트렌드세터	프로페셔널 보헤미안	글로벌 플레이어
오모테산도힐스 제르코바 테라스	TOKYO NODE, T-MARKET, 안다즈 도쿄	브리티시 스쿨 인 도쿄, 게이오 치료 센터, 자누 도쿄, 아자부다이힐스 마켓, 모리빌딩 디지털 아트 뮤지엄 : 앱손 팀 랩 보더리스
상업시설 중심	대기업, 글로벌 기업 중심	글로벌 기업, 벤처 캐피털
각종 브랜드 론칭, 팝업, 이벤트 행사 등	힐스 워크숍, 운동&음악회 등 이벤트 프로그램 등	힐스 하우스 아자부다이, 힐스 워크숍, 체험형 이벤트 등
명품 및 해외 패션 브랜드, 취미&생활 브랜드 중심 운영	대형 셀렉숍부터 피트니스 센터까지 비즈니스 피플을 위한 매장 중심 운영	도쿄 최고, 도쿄 유일의 브랜드 매장 약 200여 곳 운영

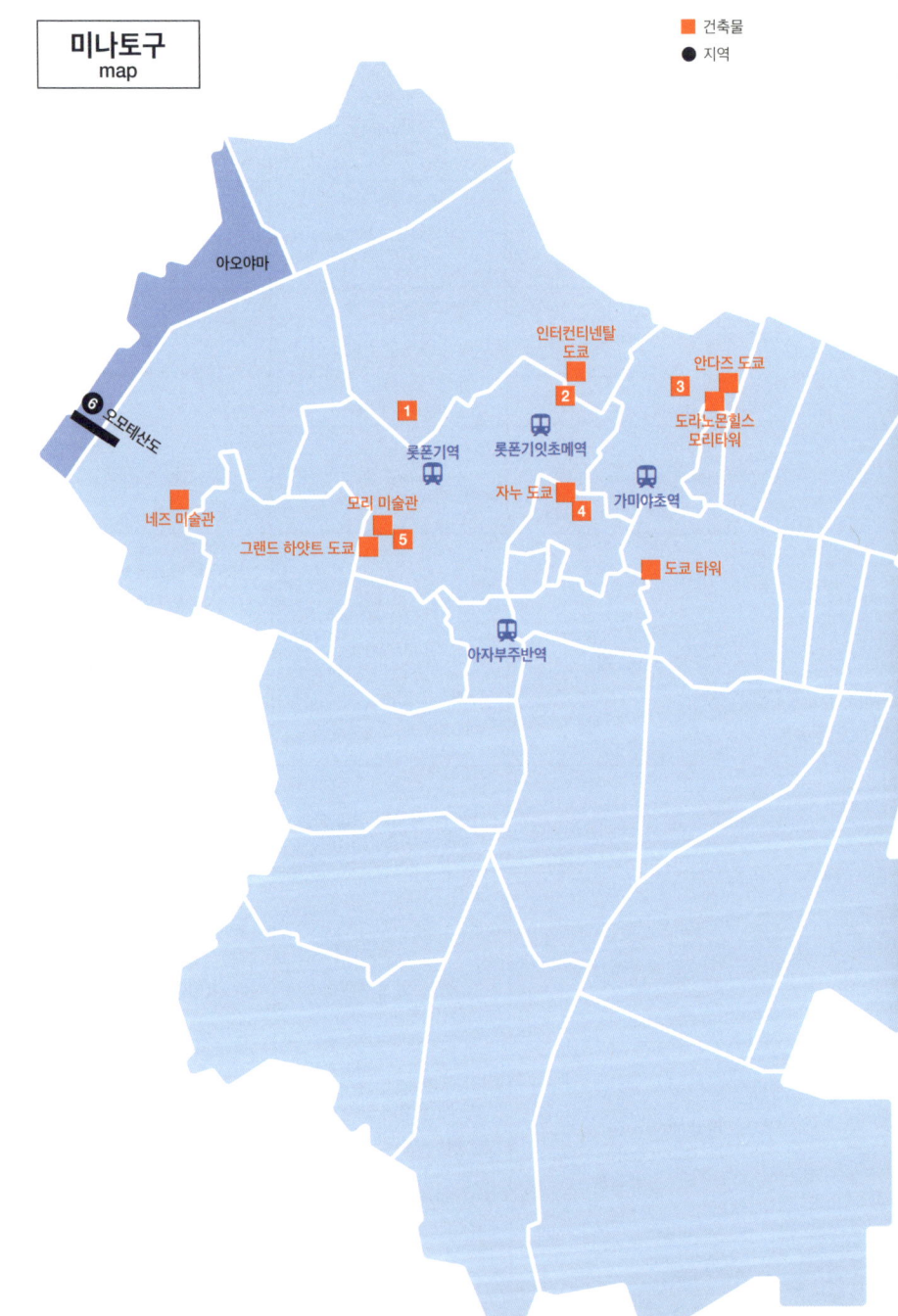

1 도쿄 미드타운 F&B와 리테일
- 21_21 DESIGN SIGHT
- 산토리미술관
- 후지필름 스퀘어

2 아크힐스 F&B와 리테일
- 산토리홀

3 도라노몬힐스 F&B와 리테일
- T-MARKET
- TOKYO NODE
- KEI Collection PARIS
- Apotheose
- Urban-Famima
- LOX-FIT
- 카쿠우치
- ovgo Baker BBB
- TORANOMON HILLS CAFE
- Allpress Espresso Toranomon Cafe

4 아자부다이힐스 F&B와 리테일
- 아자부다이힐스 마켓(Azabudai Hills Market)
- 토리시키(Torishiki Ichimon)
- 토리토(Tsukiji Toritoh)
- 야마유키(Azabudai Yamayuki Fish Market)
- 스시야 스시 사이토(SUSHI SAITO)
- 교토 야오이치(KYOTO YAOICHI)

- 히야마 와규(HIYAMA WAGYU)
- 스미다야
- 펠리칸 카페
- 알케미(Alchemy)
- 도쿄 주스
- 라신(RACINES)
- 아라비카
- 리에종(LIAISON)
- 칼투지아(CARTHUSIA)
- 트루 타월(TRUE TOWEL)
- 에스테 프로 라보(Esthe Pro Labo)
- 미오 하루타카(MIO HARUTAKA)
- 콘란숍(THE CONRAN SHOP TOKYO)
- UNITED ARROWS WOMEN'S STORE
- HU JING
- Saboe tokyo(Azabudai Hills Market)
- OGAWA COFFEE
- Orby Restaurant

5 롯폰기힐스 F&B와 리테일
- Fiorentina
- 에스트네이션(Estnation)
- G KEYAKIZAKA

6 오모테산도 지역 F&B와 리테일
- 마츠바야 사료(Matsubaya saryo)
- 미야사카

일단 도쿄는 아자부다이 힐스부터 찍고 시작!

PART 4

HILLS LIFE

모든 공간은 사람의 삶을 위한 곳이고, 사람이 어떻게 느끼는지가 중요합니다. 그렇기에 모리빌딩이 추구한 컨셉과 가치는 어떻게 소비자에게 닿고 있는지, 소비자들은 힐스를 이용하며 어떤 점들을 느끼는지 들어봤습니다.

부동산을 개발할 때 고려해야 할 점은 무수히 많습니다.
앞서 소개한 것처럼 공간의 컨셉과 운영을 위한
리테일 기획도 중요한 사항입니다.
다만, 먼저 생각해야 하는 요소는 이를 이용할 '사람'입니다.
좋은 시설을 만들어두어도 사람이 오지 않으면
죽은 공간과 다를 바 없습니다. 모리빌딩이 타깃을 명확히 하고
그들에게 필요한 시설, 그들이 관심을 가질 브랜드로
공간을 구성한 이유도 이 지점에 있습니다.
공간을 활용할 이들과 연결점을 만든 것입니다.
일본의 종합 부동산 회사들이 개발한 빌딩을 방문했을 때
먼저 느껴지는 점은 '사람에 대한 이해의 정도와 깊이'였습니다.
누가 방문하고, 어떤 특징을 가진 이들이 일하게 될까?
그들에게는 무엇이 필요할까? 어떤 브랜드를 좋아할까? 등
사람에서 출발한 질문의 답을 빌딩에 구현했다는 생각이 들었습니다.
그와 동시에 '과연 공간을 이용하는 이들은
어떤 생각을 하고 있을까?'라는 궁금증이 생겼습니다.
짓는 사람의 마음이 사용하는 사람의 마음과
얼마나 가깝게 연결되어 있는지가
결국 공간에 대한 '만족도'와 이어지는 부분이기 때문입니다.

도쿄 라이프의 중심
아자부다이힐스

안녕하세요. 우선 간단하게 자기소개를 부탁드립니다.

새알   안녕하세요. 저는 새알입니다. 매거진 에디터로 사회 생활을 시작해 현재는 라이프 스타일 브랜드 론칭을 준비하고 있습니다. 매거진을 만들다보니 자연스럽게 '트렌드'에 관심을 가지게 되었습니다.

쿠라라   저는 쿠라라입니다. 아시아나 항공사 승무원으로 일하면서 한국과 자연스럽게 연결되었습니다. 지금은 인플루언서로 활동하며, 현직에 있는 승무원들이 공유하는 도쿄 정보를 소비자에게 전달하는 사이트를 운영하고 있습니다.

트렌드에 민감할 수밖에 없는 일을 하고 계신데,
두 분이 느끼는 요즘 도쿄의 라이프 트렌드에는 어떤 것들이 있습니까?

쿠라라   지금 도쿄는 '건강하게 먹기'가 키워드입니다. 워낙

단 음식이나 디저트를 좋아하는 도쿄 사람들이지만 최근에는 덜 단 음식들이 관심을 받고 있습니다. '비건'이라는 키워드도 관심이 커지고 있는 상황입니다.

새알   생활방식의 변화로 새롭게 생긴 트렌드는 캠핑입니다. 도쿄 안에서 차를 가지고 다니는 일이 그렇게 빈번하지 않은데도 차량 구매가 늘고 있다는 부분에서 변화가 느껴집니다. 차를 나눠 타는 카쉐어나 차량 렌트 서비스도 생기고 있습니다.

도쿄 사람들은 차를 잘 가지고 다니지 않는다고 알고 있었는데, 달라진 부분입니다.

새알   과거에는 그랬습니다. 그런데 코로나 기간에 도쿄 곳곳에서 온라인 환경이 활성화되었습니다. 일이나 수업 등을 온라인으로 하게 되면서 장소에 대한 자유도가 커졌습니다. 도시에 살지 않아도 일을 할 수 있다는 생각들이 많아졌습니다.

쿠라라   많이 변한 부분이 맞습니다. 그런데 미나토구 사람들은 조금 다릅니다. 라이프 패턴이 다른 도쿄 사람들과 차이가 있습니다.

미나토구 사람들은 무엇이 다른가요?

쿠라라 미나토구 사람들은 자기들이 사는 동네를 정말 좋아합니다. 한번 이곳에 자리를 잡으면 다른 지역으로 옮겨가지 않을 정도입니다. 미나토구 밖에서 살 생각이 전혀 없습니다. 생활의 편의와 아이를 기르는 교육 문제 등 모든 면에서 살고 싶고 살기 편한 곳이기 때문입니다.

새알 미나토구에 사는 사람들이 미나토구 밖으로 나가는 건 휴가를 즐길 때 뿐입니다. 해외로 긴 여름휴가를 가는 경우가 많습니다. 그래서 오히려 휴가철에 이곳에 오면 대부분 관광객이거나 도쿄의 다른 지역에서 사는 사람들일 정도입니다.

도쿄 다른 지역에 사는 사람들도 미나토구를 많이 찾는 것 같습니다.

새알 지금 도쿄에서 가장 '핫'하다고 할 수 있는 곳이 미나토구에 있기 때문입니다. 아자부다이힐스는 모두의 관심을 받는 곳입니다. 제가 다니는 잡지사 에디터들도 아자부다이힐스에 대해 자주 이야기합니다. 그리고 도라노몬힐스에 대한 관심도도 높습니다. 스테이션타워가 새로 문을 열었는데 거기 지하 마켓이 재미있다는 이야기를 많이 들었습니다.

두 분은 어떤 공간을 좋아하고 자주 가는 편인가요?

새알　　작은 가게들이 많이 자리하고 있는 아오야마가 재미있습니다. 일할 때나 일상적으로 남편과 외출할 때는 주차가 편한 아자부다이힐스에 많이 옵니다.

쿠라라　같은 이유로 롯폰기힐스나 아자부다이힐스를 자주 찾습니다. 저는 직접 운전을 해 항상 차를 가지고 다니는데, 힐스 카드가 있으면 7곳의 힐스 건물에서 하루에 5시간까지 무료 주차가 가능합니다. 힐스 카드는 특별한 조건 없이 만들 수 있고, 그 카드로 힐스에서 1년 동안 100만 엔 이상 사용하면 주차 혜택을 받습니다. 주차가 편하니까 쇼핑이나 모임도 힐스에서 하게 됩니다. 사용액의 일부를 포인트로 적립해서 활용할 수 있기 때문에 힐스에 더 자주 가게 되는 편입니다.

힐스 라이프의 시작은 '주차'인 것 같습니다.

새알　　아무래도 힐스가 좋고, 편하니까 자주 오게 됩니다. 주차는 항상 힐스에 합니다.

쿠라라 맞아요. 도쿄에서 주차는 정말 어려운 일 중에 하나입니다. 그래서 힐스가 제공하는 주차의 편리성이 큰 혜택입니다. 일을 할 때도 롯폰기힐스에 주차하고 택시를 이용해 아자부다이힐스나 도라노몬힐스로 이동합니다. 익숙함이 커질수록 라이프 전반에 힐스라는 공간이 크게 자리 잡게 된 것 같습니다. 쇼핑할 때도 주로 아자부다이힐스에 오곤 합니다. 승무원 일을 그만두고 살이 조금 찌면서 몸의 라인이 과거와 달라지니까 찾는 브랜드나 옷 스타일도 달라졌는데, 아자부다이힐스에 있는 편집숍 중에 유나이티드 애로즈 우먼스 스토어UNITED ARROWS WOMEN'S STORE에는 바디 라인이 예쁘지 않아도 멋스러운 스타일을 연출할 수 있는 옷이 많아서 자주 찾고 있습니다.

힐스 시리즈의 '주차 서비스'는 이 공간을 사용하는 이들의 니즈를 잘 이해했기에 가능했습니다. 실제 사용자들도 그 부분에서 만족감을 느끼고 있었습니다. 주차 서비스는 사용자들에게 힐스에 가야 하는 이유, 힐스가 좋은 이유인 동시에 자연스럽게 공간의 트래픽을 상승시키는 요소입니다. 모리빌딩이 기존 도쿄 사람들의 라이프와 더불어 변화하고 있고, 달라지고 있는 도쿄 라이프 스타일을 이해했기 때문에 가능한 기획이었을 것입니다.

**다른 힐스 시리즈들도 자주 이용하셨을 텐데,
특히 아자부다이힐스가 생기고 달라진 점이 있을까요?**

쿠라라   일과 관련된 비즈니스 미팅이 아침 일찍 있는 경우가 많습니다. 그런데 일본은 이른 오전에 문을 여는 곳이 많지 않습니다. 비교적 일찍 문을 여는 브런치 카페나 레스토랑이 몇 곳 있긴 하지만, 워낙 사람들이 많기 때문에 항상 자리가 있다는 보장이 없어 미팅 장소로 활용하기에는 불안했습니다. 그런데 아자부다이힐스에는 이른 시간에 여는 곳들이 있어서 미팅 장소로 활용하기에 좋습니다. 갑작스럽게 생기는 미팅도 조금 더 편하게 할 수 있게 됐습니다. 일을 하는 과정에서 괜히 신경 써야 하는 부분이 줄어들어 좋습니다.

**아자부다이힐스가 지어지는 동안 기대했던 부분들도 있었을 것 같습니다.
만족도가 얼마나 됩니까?**

새알   이 공간이 재미있으면 좋겠다고 생각했습니다. 쇼핑하거나 레스토랑에 가도 새로운 브랜드를 만날 수 있었으면 하고 바랐습니다. 실제로 도쿄에서 쉽게 가지 못하는 브랜드들이 많이 입점해있어서 만족스럽습니다. 또한 아직 완벽하게 오픈했다고 볼 수 없어서 '앞으로 또 어떻게 달라질까?'라는 기대도 있습니다. 생활하는 사람들이 늘어나면서 변해가는 모습을 보는 재미도 큽니다. 아자부다이힐스는 돈이 많다고 레지던스에 입주할 수 있는 건 아닙니다. 돈은 기본이고 개별적으로 모리빌딩이 진행하는 심사를 통과해야 입주가 가능하다고 들었습니다.

쿠라라　아직 지하철도 연결되지 않았고 레지던스도 절반밖에 지어지지 않았습니다. 지금은 주로 외국인이나 CEO들이 많이 사는 것 같은데, 입주하는 사람들이 늘어나는 1, 2년 후가 더 좋아지지 않을까 싶습니다.

아자부다이힐스에 올 때 지하철을 이용했는데,
지하철역이 연결되지 않았다고 이야기하신 부분이 살짝 의아스럽습니다.
어떤 의미인가요?

쿠라라　아, 롯폰기힐스를 예로 들면 직접 연결된 2개 노선 외에 주변으로 3개 노선이 더 지나갑니다. 도라노몬힐스도 긴자선과 히비야선이 빌딩과 직접 연결되어 있습니다. 그런데 아자부다이힐스는 아직 한 노선밖에 없습니다. 그래서 방문하기가 좀 어려운 느낌이 있는데, 지하철 연결이 늘어나면 찾아오는 사람들이 더 많아질 것이라는 생각이 들어서 한 이야기입니다.

**지하철역이 하나인 게 오히려 낯선 상황이네요.
지금의 아자부다이힐스에서 추천해주고 싶은 곳들이 있을까요?**

새알　　　지하 슈퍼마켓을 추천합니다. 쉽게 갈 수 없는 곳들 인데 한곳에 모여 있으니까 보는 재미도 있고, 즐기 기도 좋은 공간이 되었다고 생각합니다. 일반 슈퍼 마켓에 없는 식재료도 여기에는 있기 때문에 주변에 서도 특히 외국인 친구들이 식재료를 찾을 때 이곳 에 오곤 합니다.

쿠라라　　자누 도쿄 안에 있는 차이니즈 레스토랑의 음식이 맛있습니다. 야마구치 셰프가 이끄는 후징Hu Jing이 라는 레스토랑인데, 광둥식 요리를 현대적으로 즐길 수 있는 곳입니다. 중국 요리를 좋아한다면 꼭 가봐 야 할 레스토랑이라고 생각합니다.

"여기에는 있다."라는 표현이 인상적이었습니다.

쿠라라　　사실 아자부다이힐스가 생기기 전까지는 롯폰기힐 스, 도쿄 미드타운 등이 있는 롯폰기 지역을 주로 찾 았습니다. 힐스에는 다양한 카테고리의 브랜드들이 입점해있는 반면 미드타운은 인테리어와 관련된 브 랜드가 많습니다. 그래서 자주 가기보다는 집 안을 바꿔보고 싶을 때 미드타운에 가곤 했습니다. 아자부다이힐스가 생긴 후에는 도쿄에서 유명한 곳들을 한 장소에서 만날 수 있다는 편리함에 발길이 여기로 향합니다.

새알 저도 같습니다. 아자부다이힐스가 생긴 후부터는 도쿄에 오는 지인들이나 일 때문에 방문하는 손님들에게도 이곳을 추천하고 있습니다. 이유는 조금 전에 이야기했던 "여기에는 있다."입니다. 한곳에서 도쿄의 유명 브랜드를 다 만날 수 있고 먹고, 자고, 쇼핑하는 것까지 한 번에 해결할 수 있습니다. 지금 저희가 있는 이 호텔, 자누 도쿄가 좀 비싸다는 점만 빼면 완벽한 곳이라고 생각합니다.

도쿄 안에서도, 도쿄 밖에서도 아자부다이힐스는 가장 트렌디한 공간이었습니다. 특히 도쿄에 사는 사람들에게도 "여기에 가면 도쿄에서 유명한 것은 다 있어."라는 이야기를 들을 정도였습니다. 매일 찾고 싶고, 찾게 되는 곳을 만드는 모리빌딩의 운영 노하우가 빛을 발하는 것 같습니다. 타깃으로 정의한 사람들의 라이프 스타일과 관심사를 고려한 리테일 구성이 '가야 하는 이유'가 됐습니다. 새알과 쿠라라의 이야기를 들으며, 모리빌딩이 말하는 에리어 매니지먼트의 진짜 의미를 알 것 같았습니다. 자신들이 만든 공간을 경험하는 이들에게 최고의 만족감을 제공하기 위해 꾸준히 노력하는 것. 그 노력이 모리빌딩의 매니지먼트 방향이고, 지금의 힐스 시리즈를 가능하게 했던 힘이 아닐까 생각해봅니다.

PART 4

살고 싶은 공간은
어떤 곳일까?

만약에 아자부다이힐스에 살 수 있다고 하면, 살고 싶나요?

새알   친구들을 모두 초대해서 파티도 하고, 이곳에 있는 공간들을 하나씩 다 즐기면서 1, 2년 정도 짧게는 살아보고 싶습니다. 생활에 편리한 모든 것이 갖춰져 있고, 도쿄에서 가장 유명한 곳들이 모여있는 곳인 만큼 만족스러울 것 같습니다. 그런데 자연이 많고 창문을 열면 넓은 공원이 보이는 곳이 더 좋기 때문에 그보다 길게 살고 싶지는 않습니다. 여기도 공원이 잘 되어 있는데, 일단 집이 높기 때문에 집 안에서 공원을 느끼기는 어렵다는 점이 아쉽습니다.

쿠라라   저는 엘리베이터 기다리는 시간을 중요하게 생각합니다. 한국에 갔을 때도 초고층 호텔에서 잠깐 지냈는데, 그곳은 엘리베이터가 오는 시간이 오래 걸려 불편함이 있었습니다. 반대로 아자부다이힐스는 빠릅니다. 살 수 있는 곳의 기준이 된다고 생각합니다.

상상하지 못했던 답변입니다.

엘리베이터 기다리는 시간과 살 수 있는 곳의 연결성은 무엇인가요?

쿠라라   일본은 워낙 지진이 자주 발생하기 때문에 대부분 지진에 대해 준비되어 있습니다. 그럼에도 지진이 일어나면 엘리베이터가 멈추기도 합니다. 만약에 '50층에 살고 있는데 지진이 발생했고, 엘리베이터가 멈추면 어떻게 하지?' 이런 생각도 들었습니다. 그래서 생활하는 집을 선택할 때 그 부분을 중요하게 여기게 됐습니다. 내진설계가 잘 되어 있어도 엘리베이터처럼 전기를 활용한 도구들을 쓸 수 있는지는 다른 부분입니다.

설명을 들으니까 이해가 됩니다.

쿠라라   실제로 2011년 동일본 대지진 이후로 많은 건물들이 내진설계에 더 신경 쓰고 있다고 들었습니다. 그때는 유명한 건물이나 호텔, 레지던스들도 엘리베이터가 멈췄다고 합니다. 도쿄 미드타운에 있는 리츠칼튼에서는 모든 사람들이 건물 밖으로 나가는 동안 직원들이 그 높은 곳을 몇 십 번 오르락내리락하면서 짐을 들어주고 아이를 업어주었다고 합니다. 굉장히 감동적인 이야기였고, 여전히 리츠칼튼을 이용하는 이

[참고]
모리빌딩의 내진설계는 주요 부위에 제진설비를 배치해 진동을 감소시켜 강한 흔들림에도 견딜 수 있도록 되어있습니다. 또한 강풍이 불 때 건물 꼭대기의 흔들림을 감소시켜줄 AMD 공법이 활용됐습니다.

유 중 하나이기도 합니다. 당시에도 힐스의 엘리베이터는 멈추지 않고 작동했다고 합니다. 이런 경험들이 힐스를 신뢰하게 되는 요소가 되었습니다. 어쩌다 외출했을 때 한번 오는 곳이랑 내가 매일 시간을 보내며 사는 곳은 다른데 힐스는 그 지점을 잘 충족시켜 줍니다. 특히 아자부다이힐스는 학교랑 병원도 있어서 아이가 있으면 정말 살기 좋겠다고 생각합니다.

도쿄에서 사람들이 살고 싶어 하는 공간은 또 어디가 있을까요?

새알   시부야구 쇼토 지역은 한번쯤 살아보고 싶은 동네입니다. 대저택이 많이 몰려있는 곳이기도 하고, 도쿄에서 가장 비싼 지역이기도 합니다. 사람 많고 복잡한 시부야를 생각하면 안 됩니다. 큰 집들이 있는 조용하고 깨끗한 곳입니다. 특히 쇼토 구립 미술관과 나베시마 공원 등 자연과 예술이 어우러진 공간들이 있습니다. 야채를 마음껏 먹고 싶을 때 가는 유기농 팜 투 테이블 레스토랑 '위 아 더 팜We are the farm'이 있는 동네이기도 합니다. 건강하고 맛있게 먹고 싶은 날에 제격입니다.

아자부다이힐스의 고층 빌딩은 내진설계를 통해 동일본 대지진 수준의 재해에도 안심하고 생활과 사업을 지속할 수 있는 성능을 갖췄습니다. 비상용 발전기, 재해에 강한 중압 가스 등을 사용해 거리 전체에 필요한 전력과 열을 100% 안정적으로 공급할 수 있습니다. 3,600명을 일시에 수용할 수 있는 약 6,000m^{2}의 대피공간도 확보했습니다. 롯폰기힐스는 5,000명, 도라노몬힐스는 3,600명 등을 수용할 수 있습니다. 이를 통해 모리빌딩은 재해가 발생했을 때 도망가야 할 곳이 아니라 '도망 와야 하는 공간'으로의 전환을 제안합니다. 그만큼 안전을 최우선으로 고려했다는 것입니다. 일반적으로 천재지변은 어쩔 수 없다고 생각하기 쉽지만, 모리빌딩은 자연의 문제를 기술로 대응했습니다. 이는 사람들에게 모리빌딩이 짓는 공간은 어떤 상황에도 안전하다는 신뢰를 제공하는 바탕이 되었습니다. 살고 싶은 곳의 조건은 다양하지만 꼭 지켜져야 하는 기준은 존재한다는 생각이 들었습니다.

<u>라이프 스타일에 관해서도 이야기를 나누고 싶습니다.
앞에서 이야기해주셨던 도쿄 라이프 트렌드를
좀 더 자세하게 들려주세요.</u>

쿠라라　도쿄는 건강에 대한 관심이 점점 높아지고 있습니다. 건강하게 먹기가 도쿄 트렌드라고 이야기했는데,

먹기뿐 아니라 생활의 여러 부분에서 건강을 고려하는 것 같습니다. 잘 사는 것과 건강하게 사는 것이 이어져 그 의미가 확장되고 있습니다.

새알   더불어 공간을 꾸밀 때 작은 예술품을 활용하기도 하고, 전통적인 소품을 만드는 취미들도 생기고 있습니다. 영감을 주는 사람들의 라이프를 보면서 자기만의 느낌으로 바꿔보는 것도 유행하는 것 같습니다.

두 분의 라이프에도 영감을 주는
사람이나 콘텐츠가 있나요?

새알   저는 꽤 오래 다키자와 마키코에게 영감을 받고 있습니다. 삶에 있어서 동경의 대상입니다. 그녀는 20년 동안 모델로 활동하며 꾸준히 자신의 삶을 공유해 도쿄의 2050 여성들의 롤모델이 되었습니다. 혼자 사는 것부터 결혼하고, 아이를 기르고, 집을 꾸미는 등 삶의 많은 시간을 그녀와 함께 했다는 느낌입니다. 센스도 좋아서 일상적으로 소개하는 소품조차 탐나는 것들이 많습니다. 제가 좋아하는 쇼토 지역에 집을 지었는데, 직접 꾸민 공간들도 굉장히 매력적이었습니다.

쿠라라 남편은 네이버후드라는 브랜드의 창업자인데, 부부 모두 패션 센스가 좋습니다. 꽤 긴 시간 동안 일관되게 잘 사는 모습을 보여주었고, 삶의 가치관과 변화 등 공감하는 부분이 많습니다. 자연스럽게 그녀의 일상에 관심을 기울이게 됩니다.

공간 트래픽을 지속시키는
운영의 묘, 브랜드

힐스를 자주 찾는다고 하셨는데,
아자부다이힐스 외에 힐스 시리즈 중 어디를 주로 방문하나요?

쿠라라   롯폰기힐스에 비즈니스 미팅을 하기 좋은 카페들이 있어서 일할 때 많이 갑니다. 특히 그랜드 하얏트 피오렌티나에 자주 가곤 합니다. 패션 브랜드 에스트 네이션, 라이프 스타일 브랜드 지 케야키자카도 종종 방문합니다. 롯폰기힐스는 문을 연 지 꽤 오래되었지만, 여전히 좋아하는 브랜드들이 많이 있습니다.

새알   도라노몬힐스에 운동하는 사람들에게 관심을 받는 록스-핏LOX-Fit이라는 공간이 있습니다. 저산소실 훈련 프로그램을 이용하고 있는데, 시속 5, 6km로 30분만 걸어도 1,000칼로리 정도 소비할 수 있습니다. 짧은 시간 동안 운동하지만 효과를 극대화할 수 있는 곳입니다. 힐스에는 이렇게 꾸준히 가야 하는 브랜드 또는 공간이 있어서 자주 찾게 됩니다.

힐스에 있는 브랜드들이 다른 곳에도 있지 않나요?

새알 본점이 있기도 하고, 매장이 있기도 합니다. 그런데 힐스만큼 한곳에 잘 모아둔 곳은 없습니다. 제가 인스타그램에서 팔로잉하고 있는 브랜드들이 힐스에 많이 입점해있기도 합니다. 모아놓은 브랜드들도 저마다 경쟁력이 있기 때문에 다른 곳이 아니라 힐스에 오게 되는 것 같습니다. 종종 힐스에서 열리는 이벤트도 흥미로운 것들이 많습니다. 쿠라라랑 오모테산도힐스에서 열리는 빙수 기획전에 가자고 이야기했는데, 소소하게 일상에서 재미를 찾을 수 있는 활동을 많이 하니까 꾸준히 관심을 기울이게 됩니다.

쿠라라 힐스는 공간마다 명확한 기준이 있는 느낌입니다. 롯폰기힐스에 있는 브랜드와 아자부다이힐스에 있는 브랜드에 차이가 있습니다. 그래서 한곳이 아니라 힐스의 여러 공간들을 꾸준히 찾게 됩니다. 좋아하는 브랜드가 있고, 그 브랜드들이 힐스에서만 즐길 수 있는 메뉴나 상품을 만들기도 해서 영향을 받습니다. 오가와 커피를 좋아하는데 아자부다이힐스에 입점해 있습니다. 이렇게 좋아하는 브랜드를 많이 만날 수 있다는 것은 큰 장점입니다. 커피를 마실 곳은 많지만 제가 좋아하는 브랜드의 커피를 마실 수 있는 곳은 힐스인 셈입니다. 이 부분이 힐스를 찾게 되는 이유입니다.

마지막 질문입니다.
지금 도쿄에 비즈니스 여행을 오려는 이들에게
추천해주고 싶은 곳이 있을까요?

새알 역시 아자부다이힐스입니다. 일단 도쿄의 트렌드를 느낄 수 있어서 출발지로 좋습니다. 여기서부터 아자부주반과 히로오 지역까지 이어서 방문해보면 요즘 도쿄를 만날 수 있습니다. 일로 왔지만 자연을 보는 것이 기분에 큰 영향을 준다고 생각하기 때문에 요요기 공원 근처도 추천합니다. 유명한 카페들도 많이 있고 새로 생기는 레스토랑이 많은 지역이기도 합니다.

쿠라라 어떤 목적인지에 따라 조금 다를 것 같습니다. 트렌드가 궁금하면 아자부다이힐스, 도쿄의 요즘 문화를 느끼고 싶다면 시부야나 시모기타자와를 추천합니다. 아자부다이힐스는 도쿄에 살면서 일하는 외국인, 도쿄를 방문하는 외국인이 모두 모이는 공간이라 새알이 이야기한 것처럼 지금 도쿄의 트렌드와 감성을 느낄 수 있습니다. 시부야와 시모기타자와는 도쿄의

20대들이 모이는 공간이라 문화적인 볼거리가 있을 것입니다.

인터뷰를 마무리하고 아자부다이힐스를 천천히 둘러봤습니다. 새알과 쿠라라가 소개했던 브랜드와 레스토랑을 더 자세히 보았습니다. 타깃과 컨셉을 명확히 해주는 브랜드 중심으로 리테일을 구성해왔던 모리빌딩의 능력이 아자부다이힐스에서 극대화됐습니다. 단순히 좋은 브랜드가 아니라 스스로 마케팅을 통해 꾸준히 고객을 불러 모을 수 있는 브랜드 중심의 구성이었습니다. 브랜드마저도 자력이 있는 브랜드를 선택한 것입니다. 크지 않아도 강력한 무기를 가진, 작지만 강한 브랜드들이 인상적이었습니다.

아자부다이힐스를 찾는 타깃층은 4그룹으로 나눠볼 수 있습니다. 이곳에 사는 사람, 이곳에서 일하는 사람, 도쿄에 살면서 이곳에 오는 사람, 외국에서 도쿄로 온 관광객. 아자부다이힐스는 이 그룹들의 니즈를 모두 만족시키는 브랜드 중심의 구성이 돋보입니다. 일상생활에서도 특별함을 느낄 수 있도록 최고의 음식과 식재료를 제공하는 슈퍼마켓이 있습니다. 펠리칸 베이커리, 스시 사이토 등 도쿄의 유명한 브랜드와 아라비카 커피, 오가와 커피 등 일본을 대표하는 브랜드도 입점시켜 모든 사람들이 가보고 싶은 공간을 완성했습니다. 이와 함께 모리빌딩 타워 매니지먼트의 하나인 프로모션과 이벤트로 재미를 더해줍니다. 요가를 하거나 특별 기획전을 찾거나 팀 랩 전시를 보러 오는 등 힐스에 가야 하는 이유를 계속해서 제공하는 것입니다. 공간의 지속성은 '사람들이 얼마나 찾아오는가'에서 결정됩니다. 자력이 있는 브랜드를 선정하고 입점시키는 능력, 꾸준한 마케팅 활동으로 트래픽을 유발하는 노력이 더해져 모리빌딩만의 '운영'이 완성되었습니다.

PART
5

MIDTOWN

미드타운은 일본을 대표하는 디벨로퍼 그룹, 미쓰이부동산이 개발한 브랜드입니다. 일본 1위 부동산 기업으로 도쿄 개발에 막대한 영향력을 가진 미쓰이부동산만의 차별화된 개발 방향은 무엇일까요?

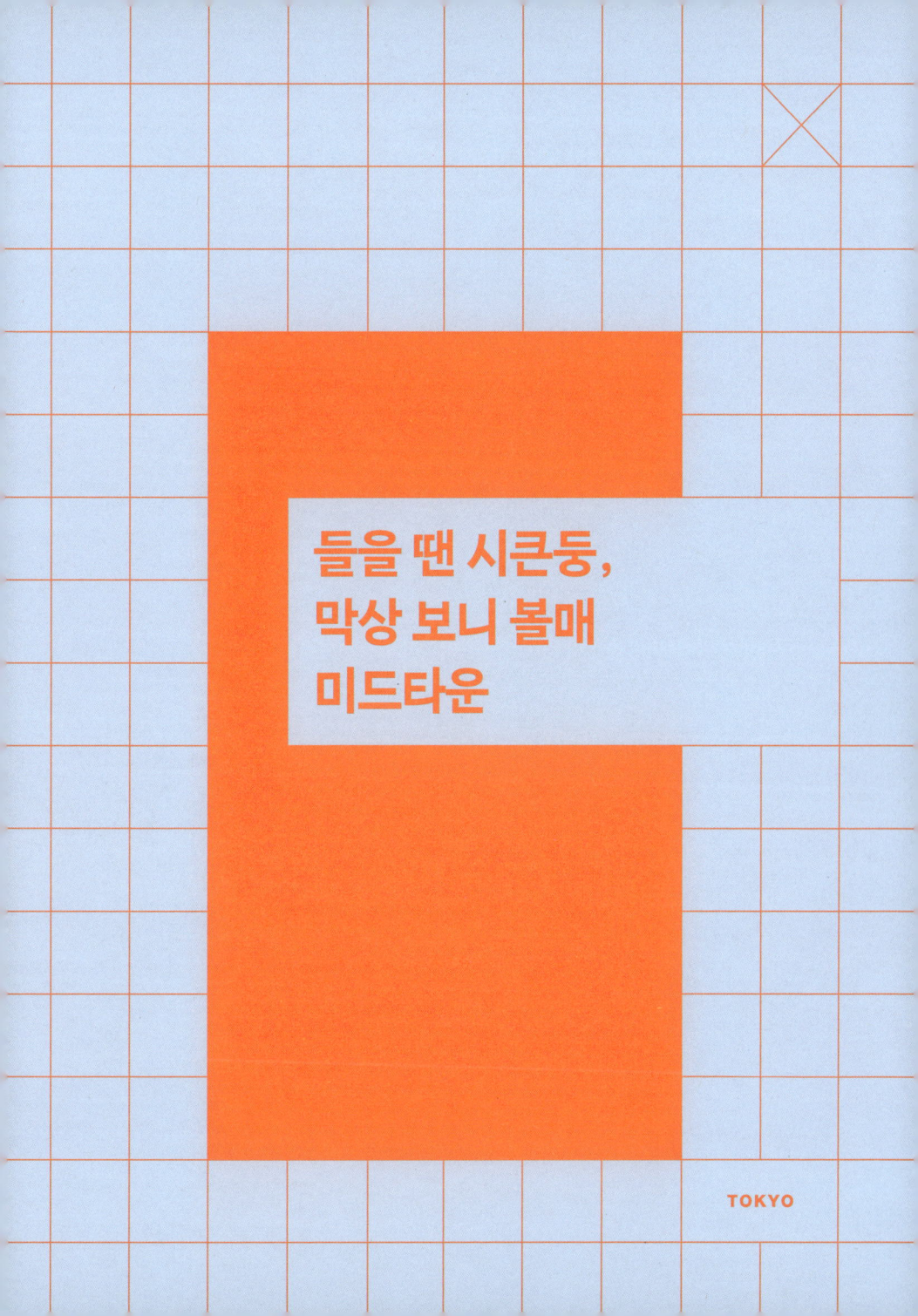

모리빌딩과 미쓰이부동산은 닮은 듯 다릅니다.
모리빌딩에게 '힐스'가 있다면, 미쓰이부동산에겐 '미드타운'이 있습니다.
단순히 짓고 팔아서 돈을 벌겠다는 접근이 아니라,
운영하면서 꾸준한 수익을 발생시키고 하나의 브랜드로서 힘을 갖도록
에리어 매니지먼트 중심의 개발을 진행하고 있다는 것은 같습니다.
그러나 상세하게 살펴보면 개발 방향, 개발 컨셉, 운영 노하우까지
여러 차이가 존재합니다. 자료와 기사로 접했을 때는
모리빌딩의 힐스 시리즈가 훨씬 인상적이었습니다.
사람들을 설득해 목표를 이뤄낸 과정이 드라마틱했습니다.
힐스를 경험한다는 것은 상위 1% 도쿄 라이프에 가까워지는 것이기에
힐스에 사는 사람, 힐스가 생활의 일부인 사람들이 궁금했습니다.
반대로 미쓰이부동산의 미드타운은 평범하게 느껴졌습니다.
잘 지어진 건물, 그 이상의 기대감은 없었는데 막상 도쿄에서 방문한
미드타운은 조금 다른 인상을 풍겼습니다. 편안하고 안정적이었습니다.
힐스와는 다른, 이들만의 철학과 컨셉이 공간에서 느껴졌습니다.
특히 명확하게 다른 타깃에 대한 이해를 엿볼 수 있어서 흥미로웠습니다.

니혼바시의 주인
미쓰이부동산

미쓰이부동산은 일본을 대표하는 대기업입니다. 일본 1위의 종합 부동산 회사이자 도쿄 개발에 막대한 영향력을 가진 디벨로퍼이기도 합니다. 도쿄 23구 내 45개 오피스 자산을 담고 있는 일본 최대 리츠 Nippon Building의 스폰서입니다. 2022년 3월 결산자료를 기준으로 연매출은 2조 1,000억 엔입니다. 단순 매출만으로 비교하긴 어렵지만 모리빌딩의 연매출이 2,500억 엔임을 감안하면, 일본 부동산 업계 1위인 미쓰이부동산의 기업 규모가 어느 정도인지 알 수 있습니다.

이 기업의 출발을 이해하려면 에도시대까지 거슬러 올라가야 합니다. 에도시대(1603-1868), 도쿄의 인구는 프랑스 파리 인구의 두 배 정도인 약 100만 명이었습니다. 대도시였던 당시 도쿄에서 가장 번화한 지역이 니혼바시였습니다. 금화를 만들던 관청인 긴자나 시정을 담당하던 마치도시요리 등의 저택이 자리 잡았고, 각종 도매상들의 중심지이자 일을 마친 뱃사공들이 한 잔 술을 즐기던 이자카야 등이 혼재된 상업지구이기도 했습니다. 미쓰이부동산은 이곳에서 포목가게 '에치고야'로 출발합니다. 이후 포목점은 성장을 거듭해 미쓰코시 백화점이 됐습니다. 여기서 멈추지 않았습니다. 사업 다각화를 통해 대기업으로 성장합니다. 유통업뿐 아니라 금융업, 종합 상사 및 무역업으로 사업을 확장하며 미쓰이 그룹으로 성장합니다. 미쓰이 그룹에서 부동산 사업을 책임지고 있는 회사가 미쓰이부동산입니다.

사업 기반을 다지게 해준 프로젝트는 1950-1960년대 고도성장기에 지어진 일본 최초의 고층 빌딩인 '가스미가세키 빌딩' 개발이었습니다. 이후 도시에 인구가 집중하는 산업화 시기에는 주택 사업을 확대하고, '미쓰이의 리하우스'라는 브랜드로 중개업에 진출해 업계 No.1이 됩니다. 초고층 주택단지의 시작인 '리버시티 21', 미국형 쇼핑몰을 컨셉으로 한 '라라포트 도쿄베이' 등을 연이어 성공시키며 확실하게 자리 잡습니다.

미쓰이부동산은 도쿄 전체를 무대로 하는 회사지만, 본사 건물을 비롯해 여러 소유 자산이 밀집해있는 니혼바시 지역에서 특히 영향력이 큽니다. 모리빌딩이 미나토구를 베이스캠프로 한다면, 미쓰이부동산은 주오구의 니혼바시 지역이 베이스캠프인 셈입니다. 자연스럽게 니혼바시 지역 개발 역시 미쓰이부동산을 주축으로 진행되었습니다. 2004년 폐업한 도큐 니혼바시 자리에 자리 잡은 'COREDO코레도 니혼바시'를 시작으로 'COREDO 무로마치 1-3', 'COREDO 무로마치 테라스' 등을 선보입니다.

당시 개발 컨셉은 전통과의 조화였습니다. 2018년 미쓰이부동산이 참여한 신축 빌딩 저층부에 문을 연 다카시마야 백화점 신관은 이런 컨셉의 디테일을 보여줍니다. 과거 빌딩에서 사용했던 엘리베이터를 그대로 활용하고, 층별 안내를 해주는 직원까지 문화자산으로 활용합니다. 백화점 입구에 세워진 안내원의 캐릭터 모형도 인상적입니다. 니혼바시 지역의 개발은 2040년까지 이어질 예정입니다. 고속도로의 지하화, 니혼바시 강변 개발, 미쓰이부동산과 노무라가 함께 진행하는 'COREDO 니혼바시' 프로젝트도 한창 진행 중입니다.

연속적인 성공을 통해 부동산 분야 1위로 자리 잡은 미쓰이부동산은 2000년대부터 도시재생 사업에 참여합니다. 분양형 개발 사업구조를 분양, 임대, 매니지먼트라는 3개의 코어 비즈니스로 재편해 짓고 파는 것이 아니라 자산을 보유함으로써 지속적인 수익을 창출할 수 있는 사업구조를 만들고자 했습니다. 이 변화의 시작이 미쓰이부동산의 복합개발 능력을 압축해 보여준 도쿄 미드타운 프로젝트입니다.

JAPAN VALUE &
JAPAN PREMIUM 발신지
도쿄 미드타운

첫 도쿄 미드타운은 롯폰기에 있습니다. 이 지역은 에도시대인 1963년 영주의 저택지였습니다. 이후 1864년 신정부에 몰수되어 정원 흔적만 남게 됐습니다. 1884년 육군 주둔지, 1945년 미군 장교 숙소, 1960년 우리나라 국방부에 해당하는 방위청으로 활용되었습니다. 흔적이 남았던 정원의 일부는 재정비되어 1963년 '히노키초 공원'으로 개원했습니다. 2000년 방위청이 이전하면서 이 지역에 대한 매각이 이뤄졌고, 미쓰이부동산을 대표로 하는 컨소시엄에서 낙찰 받게 됩니다. 미쓰이부동산은 세계를 무대로 활약하는 문화인이나 아티스트가 모이는 크리에이티브한 거리이면서, 대사관이 몰려있는 롯폰기 지역의 특성을 고려한 계획을 수립합니다. 전 세계의 문화가 모여 교차하는 지역적 감성을 활용해 'JAPAN VALUE재팬 밸류 발신지'를 비전으로 한 개발을 시작합니다.

미쓰이부동산은 공식 홈페이지를 통해 "도쿄 미드타운 브랜드는 우아하게 오래도록 지속되는 도시를 만드는 동시에 각 도시마다 개별적인 가치를 확립하고 비전과 실천을 공유하는 의미를 담

고 있다."라고 설명합니다. 이를 위해 다양한 도시 기능을 컬래버 레이션 해 새로운 가치를 창조하는 '다양성DIVERSITY', 일본 고유의 마음이 숨쉬는 '환대HOSPITALITY', 사람과 자연이 공생하는 공간 '가든ON THE GREEN', 디자인과 아트의 새로운 재능을 담은 '창의성CREATIVITY'이라는 4가지 개념을 바탕으로 거리 만들기를 추진합니다.

실제 도쿄 미드타운에는 미쓰이부동산이 담고자 했던 4가지 개념이 적절하게 구현되어 있습니다. 땅의 캐릭터와 타깃을 명확하게 이해하고 개발한 공간임이 곳곳에서 느껴집니다. 특히 공간 구성과 입점 브랜드, 건축과 공간 인테리어, 운영 프로그램 등을 살펴보면 이 공간을 사용하는 사람에 대해 분명한 정의가 존재한다는 인상을 강하게 받습니다. 이를 통해 도쿄 미드타운을 활용하는 이들에게 일본이 가진 고유의 가치, 즉 재팬 프리미엄을 제공하고자 한 것입니다.

4개 층을 쓰는 소니뮤직 엔터테인먼트, 5개 층을 활용 중인 유니클로 등을 비롯해 일본의 의료, 금융, 문화 분야의 회사들이 도쿄 미드타운을 임대해 사용하고 있습니다. 후지필름 기술 회사의 본사도 이곳에 위치합니다. 힐스 시리즈에 글로벌 브랜드들의 일본 사무실 또는 스타트업이 많이 입점한 것과 차이가 있는 부분입니다. 도쿄 미드타운은 전통적인 일본 기업들이 공간을 활용하며 일본의 가치를 외부로, 세계로 발신하는 역할을 합니다. 도쿄 미드타운에 일본스러운 컨셉과 디자인이 활용된 것도 연결성이 느껴집니다. 건물의 전체적인 컨셉은 '전통적인 일본 정원의 정원석'입니다. 건물 내부에도 일본 전통 문양인 격자무늬 디자인, 나무 소재로 된 기둥, 종이 느낌이 나는 벽면, 실내 대나무 숲을 연상시키는 소품 등을 활용해 컨셉을 적절하게 구현했습니다. 공간에 일본 프리미엄도 반영했습니다. 이에 들어서는 순간 일본이 가지는 전통적 느낌과 함께 고급스러움이 느껴집니다.

한 끗 차이까지 담아낸
도쿄 미드타운의 센스

컨셉 구현에만 집중한 것은 아닙니다. 한 끗 차이를 놓치지 않았습니다. 그 차이를 만든 키워드가 '디자인'이라고 생각됩니다. 모리빌딩이 '아트'를 키워드로 한 것과 차이가 느껴지는 부분입니다. 디자인은 예술과 생활의 경계에 있는 영역입니다. 디자인 개발을 위해서는 일상적으로 사용하는 물건 또는 일상적인 공간이나 사건에 관심을 기울이는 것이 중요합니다. 디자인은 그 관심을 새로운 관점으로 해석한 결과물입니다. 익숙한 일상을 새롭게 만드는 과정인 동시에, 새로움이 다시 일상으로 흡수되는 선순환을 만들기도 합니다. 제품이나 공간으로 완성되어 사람과 만나기 때문입니다. '아트'가 바라보는 것, 마음의 만족감을 주는 것이라면 '디자인'은 사용하는 것, 생활에 함께 하는 것에 가까운 개념입니다. 프리미엄을 추구하지만 실용성도 놓칠 수 없는 사람들의 센스를 보여주는 요소 역시 '디자인'인 경우가 많습니다. 도쿄 미드타운은 디자인을 키워드로 삼으며 한 끗 차이 즉, 일하는 사람들의 센스에 좀 더 집중했다고 생각됩니다.

도쿄 미드타운에서 디자인 감각을 느낄 수 있는 대표 공간이

'21_21 DESIGN SIGHT 21_21 디자인 사이트'와 '도쿄 미드타운 디자인 허브'입니다. 그중에서도 21_21 DESIGN SIGHT는 많은 이들의 발길을 끌어당기며 지속적인 트래픽을 일으키는 공간입니다. 국내의 많은 브랜드 운영자 또는 기획자들도 도쿄를 찾을 때 꼭 가야 할 곳 리스트에 21_21 DESIGN SIGHT를 포함합니다. 갈 때마다 새로운 전시와 볼거리가 준비되어 있어 영감을 주는 공간, 가야 하는 곳이 되었습니다. 이세이 미야케, 나오토 후카사와, 카쿠 사토 등 일본을 대표하는 디자이너들이 참여하고 안도 타다오가 건축한 21_21 DESIGN SIGHT는 "일상 속 사물과 사건을 재조명하고, 디자인의 관점에서 다양한 새로움을 제안하며 수많은 발견과 소통하는 공간"이라는 소개 문구를 내세웁니다. 디자이너, 기업인, 엔지니어, 공예가뿐 아니라 일반 대중과 함께 디자인에 대한 관심과 이해를 만들어가는 것을 목표로 합니다. 일상을 새로움으로, 새로움을 다시 일상으로 순환시키는 공간인 동시에 디자인을 통해 세상을 성찰하는 장소이기도 합니다. 무디어진 감각을 깨우기에 제격입니다. 일하는 사람들에게 꼭 필요한 공간이기도 하다는 점에서, 도쿄 미드타운이 명확한 타깃을 설정하고 그들에게 꼭 필요한 공간을 구성했음이 느껴지는 부분이라 할 수 있습니다.

지금까지 이곳에서 진행된 전시들도 동일한 가치를 담아 기획되었습니다. 2007년 10월에 열린 〈Water〉는 디자인을 통해 물을 보여주며 사람과 물의 관계를 재정의 했습니다. 일상에서 쉽고 익숙하게 써버리는 물을 새로운 관점으로 접근해 가치를 전달하려는 의도였습니다. 2008년 3월에 열린 〈21세기 인간〉도 인상적입니다. 일상적 소재, 가전제품의 부품, 폐기된 종이 등을 오브제로 활용해 생활 방식, 일하는 방식, 인간 존재 방식의 변화를 전달했습니다. 세상을 넓은 눈과 열린 마음으로 이해하며, 21세기 인간의 희망과 꿈은 어디에 있는지를 보여주고자 한 전시입니다. 2013년 2월 디자인 마인드를 주제로 한 〈디자인 아!〉, 2014년 2월에 열린 〈쌀의 예술〉, 2023년 7월 인간과 원자재의 관계를 재발견, 재해석하는 〈Material, or〉 등 '사람을 중심'에 두고 꾸준히 일상 속의 새로움을 전달하는 전시를 개최하고 있습니다.

도쿄 중심지에
잔디밭을 만들다

이윤보다 이용하는 사람을 우선으로 생각하기에 만들어진 시설도 있습니다. 'On the green'이라는 컨셉으로 전체 면적의 40%에 달하는 규모를 자랑하며, 도쿄 미드타운하면 가장 먼저 떠오르는 곳이자 도쿄 미드타운의 인지도를 만든 가든이 그 주인공입니다. 기존의 '히노키초 공원'과 새로 개발된 도쿄 미드타운 녹지를 이어 하나의 거대한 공원을 완성했습니다. 여기에는 일본 정원이라는 개념을 담았습니다. 단지 형태만 모방하는 것이 아니라 흙과 바위, 연못, 나무들의 관계성부터 포장과 흙, 공간과 식재 등을 연속성 있게 하나의 공간에 완성했습니다. 다양한 문화적 요소가 교차하는 고도의 컬래버레이션 장소로서의 정원입니다. 구 방위청 부지에 남겨진 쿠스노키(녹나무), 사쿠라(벚꽃) 등 약 140그루의 나무들을 보존해 이식했습니다. 관목 2만 그루도 새로 심었습니다. 개업 후부터 현재까지 꾸준한 관리를 통해 기존 수목 중에는 추정 수령 100년이 넘는 것도 있을 정도입니다. 결과적으로 전통과 현대, 다양한 문화가 어우러진 바이오필릭을 만들어냈습니다.

히노키초 공원과 새로 개발된 도쿄 미드타운 녹지 사이에는 14m의 단차가 존재했습니다. 이를 기존 공원은 4m 올리고 새로운 녹지는 4m 내려 완만한 경사를 완성해 휠체어나 유모차도 자연스럽게 다닐 수 있는 공간을 창출했습니다. 이런 특성 덕분인지 인터뷰를 진행했던 쿠라라는 "아이가 있는 사람과의 약속 장소로 도쿄 미드타운을 주로 이용한다."고 이야기하기도 했습니다.

아침과 저녁에는 가든에서 요가 프로그램이 운영됩니다. 계절마다 참여할 수 있는 프로그램도 다양하게 구성됩니다. 특히 여름에는 발을 담그고 숲의 시원함을 느낄 수 있는 행사가, 가을에는 영화 상영회가 열립니다. 도쿄 미드타운에서 일하는 사람, 생활하는 사람들에게 보기 좋은 공원, 단순히 쉬는 공간으로 남기기보다 삶의 일부분을 함께 나누는 장소로 활용될 수 있도록 운영 중입니다. 동시에 공원을 활용한 특색 있는 프로그램을 통해 미드타운에 찾아오는 이유를 지속적으로 제공하고 있습니다.

감탄보다 만족감과 편안함을 주는,
실용적인 공간의 정석

도쿄 미드타운의 첫 인상이 아자부다이힐스처럼 "와우"스럽지는 않습니다. 그러나 실내로 들어서면 마음이 편해집니다. 처음 오는 곳임에도 어떤 공간들로 구성되어 있고, 어떤 활용 목적을 가지고 있는지 한눈에 이해됩니다. 아자부다이힐스 또는 롯폰기힐스를 갔을 때의 숨은 공간을 찾는 경험과는 다릅니다. 서울 삼성역 일대의 현대백화점 무역센터점, 인터콘티넨탈 호텔을 이어주는 파르나스, 코엑스 일부 공간과 비슷하다는 느낌도 받았습니다. 덕분에 관광객의 입장에서 낯선 공간을 만났음에도 안정적인 느낌이 들었습니다. 숨어있는 공간 중심이 아닌, 넓게 펼쳐진 공간이 주는 특징 같았습니다. 새로움과 예외성 대신 익숙함과 편의성을 높였기에 가능한 부분이라고 생각합니다.

운영에서도 실용성에 집중했습니다. 모리빌딩은 대부분 공간을 직접 운영합니다. 이는 일관된 서비스를 제공하고, 기획된 컨셉을 유지할 수 있다는 장점이 있습니다. 대신 그만큼의 비용이 발생해 부담스럽기도 합니다. 도쿄 미드타운은 직영보다는 임대에 집중합니다. 산토리미술관, 21_21 DESIGN SIGHT, 후지필름이 운영하는 사진 갤러리 '후지필름 스퀘어' 등은 전략적 시설인 동시에 임대로 운영되는 공간입니다. 모리빌딩에 멤버십 클럽처럼 도쿄 미드타운에는 라이브 음악과 함께 도쿄 전경을 내려다보며 식사할 수 있는 '빌보드 도쿄'가 전략적인 테넌트로 위치합니다. 마찬가지로 이곳은 빌보드가 운영 중입니다. 직접 운영하는 부담은 줄이면서도, 화제성 높은 공간을 유치해 이용자들의 만족도를 높였습니다. 만족감은 높이면서 안정적 공간 운영을 가능하게 만드는 것이 미쓰이부동산의 능력인 셈입니다.

도쿄 미드타운은 도쿄에서 쉽게 경험할 수 없는 넓은 녹지를 통해 프리미엄 라이프를 제공합니다. 여기에 편하게 사용할 수 있는 생활 중심 리테일, 이른 아침부터 미팅이 가능한 브런치 카페 구성 등으로 수준 높으면서 편리한 일상이 가능하도록 했습니다. 디자인 감각을 키울 수 있는 박물관을 운영하며 일상의 새로움까지 제공합니다. 이런 구성을 통해 미쓰이부동산이 전하고자 했던 가치는 곧 일본 프리미엄, 실용적인 만족감이 아닐까 싶습니다. 그 중심에는 '사람'이 있습니다. 공간을 사용한 타깃의 라이프 스타일을 명확히 이해하기에 가능한 구성입니다.

2006년 3월 미쓰이부동산이 배포한 보도자료에도 이런 가치가 담겨있습니다. "도쿄 미드타운은 디자인 허브이자 녹색의 다양성을 살려 인간 상호 작용의 허브로 새로운 가치를 창출하는 것을 목표로 합니다. 상업시설의 컨셉은 '라이프 스타일 뮤지엄'으로 정의되었습니다. 그 주변에 살고 일하는 감성과 독특한 라이프 스타일을 가진 사람들에게 '고품질 도시 라이프 스타일 서비스'를 제공하고 그들이 서비스를 이용하며 감성을 키우고 자신의 스타일에 따라 살 수 있는 시설을 제공하고자 합니다."

실제 도쿄 미드타운에는 그들이 구현하고자 했던 컨셉이 담겨 있습니다. 이 같은 가치는 도쿄 미드타운뿐 아니라 나머지 두 곳의 미드타운에도 반영되었습니다. 물론 각 지역의 특징과 그 공간을 사용하는 타깃에 맞춰 변주도 했습니다.

예술 문화와 엔터테인먼트 거점
도쿄 미드타운 히비야

히비야는 긴자와 마루노우치 사이에 자리하고 있으며 일본의 정부기관, 대기업, 금융기관들이 밀집한 지역입니다. 또한 황궁이 위치하고 있습니다. 과거부터 황궁이나 왕궁이 있는 지역은 문화의 중심이 되곤 했습니다. 그 당시의 고급 문화를 가장 먼저 즐길 수 있는 지역이었기 때문입니다. 히비야도 과거 문화와 예술을 간직합니다. 메이지 이후 일본의 근대화를 이끌어온 히비야는 음악의 성지로 여겨진 '히비야 공화당'이 있던 곳이기도 합니다. '일본 다카라즈카 극장', '히비야 영화 극장' 등이 잇달아 생기면서 예술 문화와 엔터테인먼트의 거점이 되었습니다.

도쿄 미드타운 히비야에도 이 같은 지역적 특색이 고스란히 반영되었습니다. 입구에 위치한 원형 극장 형태의 히비야 스탭 광장과 1층에 들어서면 보이는 렉서스 카페를 통해 문화 감각을 살린 공간적 특색과 도쿄 미드타운 히비야에서 이야기하는 컨셉인 'Business Hospitality 비즈니스 환대'를 느낄 수 있습니다. 렉서스 카페는 단순히 자동차 브랜드의 쇼룸이 아닙니다. 간단한 다과와 음료를 즐길 수 있는 모두에게 열린 공간입니다. 제공하는 다과 역시 일본의 전통 간식부터 글로벌 공통 음료인 커피까지 다양합니다. 이용하는 이들도 다양합니다. 자연스럽게 비즈니스 공간의 친숙한 환대를 떠올릴 수 있습니다.

상업시설을 중심으로는 "THE PREMIUM TIME, HIBIYA"라는 컨셉을 적극 활용하고 있습니다. 이를 통해 과거부터 일본의 문화를 즐겨온 이들에게 좀 더 좋은 시간을 보낼 수 있는 공간적 가치를 제공하고자 했습니다. 3층에는 예술사진을 판매하는 갤러리 '옐로우코너'가 있습니다. 2006년 파리에서 만들어진 예술사진 전문 갤러리로, 일상을 아름답게 만들어주는 사진을 선보이는 브랜드입니다. 4층에는 'TOHO 시네마'가 있어 영화를 즐길 수 있습니다. 도쿄 미드타운에 디자인 키워드가 있다면, 도쿄 미드타운 히비야에는 사진, 영화 등 좀 더 엔터테인먼트적인 키워드가 있습니다. 마찬가지로 이곳을 찾는 '사람'에게 일상에서의 새로움, 일상에서의 즐거움을 제공합니다.

이런 가치는 도쿄 미드타운 히비야 로고에도 반영되어있습니다. 도쿄 미드타운 히비야의 로고는 부드러운 곡선을 그리는 M자를 활용했는데, 디자인 컨셉 '댄싱 타워'를 바탕으로 이 거리에 방문하는 사람들의 마음이 즐거워지는 것을 이미지화했다고 합니다. 창문 밖으로 펼쳐진 히비야 공원과 황궁이 한눈에 보이는 풍경도 인상적이었습니다. 6층에 있는 파크뷰가든, 9층 스카이 가든 역시 히비야 공원을 한눈에 바라볼 수 있는 공간입니다. 각 공

간을 이용하는 이들에는 조금씩 차이가 있습니다. 영화관과 6층의 무료 전망대인 파크뷰가든은 도쿄 미드타운 히비야를 찾는 모두가, 9층은 이곳에서 일하는 사람들이 이용 가능합니다. 공통적으로 도쿄 미드타운 히비야 안에서 많은 이들이 최상의 시간을 보낼 수 있다는 사실은 변함이 없습니다. '랄프로렌 홈', 'TODAY'S SPECIAL' 등 실용적인 라이프 아이템을 구입할 수 있는 상점들도 곳곳에 자리하고 있었습니다. 특히 TODAY'S SPECIAL은 보기에 좋은 기념품보다 실생활에 다양하게 활용할 수 있고 가격대도 다양한 생활용품을 판매하고 있어 관광객부터 현지인까지 모두가 지나치지 못하는 공간입니다. 미쓰이부동산이 미드타운 시리즈를 통해 고품질 도시 라이프 스타일 서비스를 제공하는 것에 얼마나 진심인지 알 수 있는 부분입니다.

일본의 미래문화를 발신하는 도쿄 미드타운 야에스

도쿄 미드타운 야에스는 도쿄 미드타운 히비야에 인접해있습니다. 거리로는 약 1km 정도 떨어져있습니다. 그러나 공간의 컨셉이나 타깃은 전혀 다릅니다. 우선 입구로 들어서면 바로 보이는 대규모 디지털 시설이 눈을 사로잡습니다. 건물의 전체적인 통제실 느낌인데, 도쿄 미드타운 야에스가 최초의 터치리스 오피스임을 고려하면 이 공간의 역할이 이해됩니다. 얼굴 인증으로 오피스에 입실 또는 퇴실하며, 입구를 전부 자동화해 이곳에서 일하는 사람들은 일체의 접촉 행위 없이 사무실 자기 자리까지 갈 수 있습니다. 그 옆에는 딜리버리 로봇 3대가 서 있습니다. 푸드 딜리버리에 활용되는데 건물 내 레스토랑에서 테이크아웃한 음식을 오피스까지 배달해줍니다. 일하는 사람들의 편리를 극대화했습니다.

도쿄 미드타운 야에스는 환경에 대한 노력도 진심입니다. 야에스 에너지 센터가 빌딩 내부에 있어 건물과 지하 상업시설에 전기와 열을 공급합니다. 사용 전력을 그린화하는 '그린 전력 제공 서비스'도 도입하였습니다. 그린 전력은 미쓰이부동산이 보유 개발한 태양광 발전소 5곳에서 만들어지고, RE100에 적합하다고 인정받은 전기입니다. 그린 전력은 도쿄 미드타운 히비야에도 동일하게 활용됩니다. 도쿄 미드타운 야에스 빌딩 중 하나인 야에스 센트럴 타워의 경우 일본 내 최대급의 'ZEB Ready' 인증을 받기도 했습니다. ZEB(제로·에너지·빌딩)란 "쾌적한 실내 환경을 실현하면서, 건물에서 소비하는 에너지를 제로로 하는 것을 목표로 한 건물"을 말합니다. ZEB Ready는 ZEB를 지향해 고단열화 및 고효율의 에너지 절약 설비를 갖춰 에너지 소비를 50% 이상 감소할 수 있는 건축물임을 인정받은 것입니다.

입점해있는 회사들도 다른 미드타운과 차이가 있습니다. 눈에 띄는 점은 인재 육성 및 미래세대를 위한 거점지역 역할을 하는 곳이라는 사실입니다. 도쿄 미드타운 야에스에는 도쿄 대학의 인재육성 프로그램을 제공하는 도쿄 대학 야에스 아카데믹 커먼즈가 조성되어있습니다. 이곳에서는 벤처 캐피탈리스트의 멘토링을 실시하는 사내기업가 양성 과정, 전 세계의 지속가능한 파이낸스를 이끌어갈 전문가 양성 과정, 게놈 관련 해석 기술과 거기에서 생산되는 데이터를 사회의 넓은 범위에 활용할 수 있는 인재 육성을 목표로 하는 게놈 학교 등이 운영됩니다. 도쿄를 넘어 세계의 미래를 만들어갈 인재들이 이곳에서 공부하고, 의견을 나누며 새로운 가치를 구현해나가고 있습니다.

거점 지역이라는 특색은 교통적인 측면도 포함됩니다. 일단 도쿄 미드타운 야에스는 도쿄역과 지하로 연결되어있습니다. 일본 전역 어디로든 바로 갈 수 있는 셈입니다. 지하 2층에는 버스 터미널이 있습니다. 도쿄역 주변에 분산되어 있던 고속버스를 한곳에 모아두었습니다. 여기서는 국제 공항이나 지방 도시까지 바로 이동할 수 있습니다. 40층부터 45층까지 자리한 불가리 호텔도 글로벌과의 연결점입니다. 전 세계 8곳에서만 운영되는 불가리 호텔의 입점을 통해 도쿄 미드타운 야에스가 글로벌 거점이라는 이미지를 전합니다. 스타트업, 크리에이터 등 다양한 사람들이 모여 미쓰이부동산과 함께 '거리 만들기의 혁신'에 도전하는 오픈 이노베이션 프로젝트의 거점도 도쿄 미드타운 야에스입니다.

이처럼 입주사, 공간의 활용 방향, 기술적 특징 등을 고려하면 도쿄 미드타운 야에스의 JAPAN VALUE는 좀 더 미래지향적, 글로벌적입니다. 일본의 미래를 만들어가는 거점 지역이라는 가치를 꾸준히 높여갑니다. 리테일 역시 일본 브랜드지만 과거보다 지금 일본인, 일본의 MZ 세대들이 좋아하는 브랜드가 중심이 되었습니다. 'CFCL', 'PORTER', '오니츠카 타이거' 등 MZ 워커들이 선호하고, 글로벌 MZ들에게도 인지도를 높여가는 브랜드가 전면에 배치되었습니다. 스탠드 바, 크래프트 맥주 전문점 등 F&B 브랜드, 팝업존 운영 등도 동일 타깃의 라이프 스타일을 고려했습니다.

미쓰이부동산은 지역경영을 통해 야에스 지역을 일본의 꿈이 모이는 거리, 세계의 꿈이 자라는 거리로 만들겠다는 목표를 가지고 있습니다. 이를 통해 도쿄 활성화에 기여하겠다고 합니다. 이런 의지가 있기에 도쿄 미드타운 야에스 곳곳에 새로운 디지털 기술이 반영되고, 미래 인재 육성 커리큘럼의 거점 공간으로 운영되는 것이라 생각됩니다. 기존의 미드타운이 과거 일본, 지금의 일본이 가지는 가치를 최우선으로 구현했다면 이곳은 미래의 일본이 가지게 될 가치에 대해 표현하고 있습니다.

기업이 전하고 싶은 가치를
이야기하는 브랜딩과 광고

앞서 도쿄 미드타운 히비야의 댄싱타워 컨셉 로고를 설명했던 것처럼 미쓰이부동산의 미드타운 3곳은 각기 다른 BI를 개발했습니다. 지역별로 로고에 차이가 있습니다. '미드타운'이라는 브랜드는 유지하지만, 각 지역에서 담고 있는 공간과 콘텐츠에 대한 고유성을 살리는 전략입니다. 이에 로고에서 '미드타운'을 의미하는 'M' 마크를 활용하고, 녹색을 키컬러로 채택했습니다. 이외에는 각 지역별 미드타운의 특징에 따라 변형했습니다.

도쿄 미드타운은 일본 정원의 중심성을 상징하는 석조 배치에서 영향을 받아 완성된 컨셉입니다. 건물 배치부터 로고까지 정원석의 단정한 사각형 모양을 유지했습니다. 도쿄 미드타운 히비야의 로고는 부드러운 곡선을 그리는 M자를 활용해 '댄싱 타워'라는 디자인 컨셉을 반영했습니다. 도쿄 미드타운 야에스는 시설 컨셉인 "일본의 꿈이 모여 세계의 꿈으로 발전하는 재팬 프리젠테이션 필드"를 바탕으로, 두 개의 스포트라이트가 무대를 비추는 시각적 이미지를 통해 '선진성'을 표현한 디자인을 활용합니다. 도쿄역 앞이라는 지역적 입지, 세계를 향해 나아간다는 점을 강조했습니다.

이런 브랜딩 전략은 미쓰이부동산이라는 모기업 PR 광고와 함께 미드타운 각 자산 광고에도 적용됩니다. 미쓰이부동산의 광고는 대기업 광고 전략을 따릅니다. 아오이 유우, 아라시의 사쿠라이 쇼 등 대중에게 인기 높은 톱스타를 모델로 기용해 빅 모델 전략에 의한 브랜딩 광고를 진행하면서, 개별 자산의 특징을 담아 광고하는 형태입니다.

2021년부터는 '일본의 국민 여동생'이라 불리는 배우 히로세 스즈를 모델로 'BE THE CHANGE'라는 브랜딩 광고를 전개하고 있습니다. 또한 '미츠이의 스즈짱'이라는 슬로건 하에 각 자산을 광고하고 있습니다. 미드타운 역시 브랜딩 광고와 각 지역 자산에 대한 프로덕트 광고를 개발하여 소비자에게 전달합니다. 2022년 7월 미쓰이의 스즈짱 광고 시리즈 중 "미드타운은 비즈니스와 문화가 융합한 하나의 거리"라는 내용을 담은 도쿄 미드타운 광고를 집행하였습니다. 아파트 브랜딩 광고와 분양 광고가 익숙한 우리나라와 달리, 일본에서 진행되는 상업용부동산 자산 브랜드 광고 및 빌딩 광고가 신선하게 느껴집니다.

2022년 말에 취임한 우에다 다카시 대표는 "타운 만들기를 통해 일본의 산업 경쟁력을 더욱 강하게 한다."는 사업 전략을 세우고 기업의 요구에 맞는 지원을 하고 있습니다. 또한 "새로운 산업 육성이나 기업 성장을 뒷받침하는 플랫폼과 같은 역할을 목표로 한다."고 밝히기도 했습니다. 이런 사업의 전략과 방향성이 올해

4월 '도시에서 미래를 바꾸자.'라는 슬로건을 담은 광고가 집행된 배경이기도 합니다. 우에다 다카시 대표와 히로세 스즈의 인터뷰 형식 광고 영상과 인쇄 광고가 특히 인상적입니다. 국민 여동생도 이해하고 공감할 수 있는 메시지 개발을 통해 대중에게 친근하게 다가서려는 미쓰이부동산의 노력을 엿볼 수 있습니다.

소셜 포지션의 자부심을 만들어주는 미드타운

부동산은 단일 자산으로는 점이지만, 자산과 자산이 이어지고 그 사이에 사람이 들어가는 순간 하나로 연결됩니다. 그렇게 점차 넓어져 공간으로, 거리로, 동네로 확장됩니다. 그러면서 더 많은 사람을 모으는 선순환 구조가 생기는 것입니다. 힐스 시리즈와 미드타운 모두 가장 상위 컨셉은 '동네 만들기'인 것, 지역 활성화를 위한 에리어 매니지먼트에 진심인 것만 보아도 연결의 중요성을 이해하고 있다는 느낌입니다.

특히 미쓰이부동산은 이용하는 사람의 라이프 스타일을 굉장히 자세하게 설정한 뒤 공간을 구성하고 운영합니다. 어떤 시설도 의미를 가지지 않는 곳이 없고, 그 모든 것이 결국 이용자를 향하고 있어 결과적으로 편안함과 만족감을 제공합니다. 도쿄 미드타운은 지금의 일본을 만들어온 이들에게 프리미엄 라이프 스타일을 제공합니다. 도쿄 미드타운 히비야는 과거부터 문화 중심지였던 지역적 특성을 살려 이용자들에게 최고의 시간, 최상의 즐거움을 제공하는 공간으로 운영되고 있습니다. 도쿄 미드타운 야에스는 미래의 일본을 만들어갈 이들의 라이프가 자연스럽게 이어지며, 글로벌 소통을 강화하는 공간과 운영적 특징을 보입니다.

   이렇게 각 장소에 숨어있는 특징을 느낄수록 미쓰이부동산이 미드타운을 통해 궁극적으로 전하고자 했던 JAPAN VALUE는 'JAPAN PRIDE재팬 프라이드'라는 생각이 듭니다. 그것을 억지스럽지 않게 지역과 타깃의 명확한 특성을 고려해 라이프 스타일로 제안하고 있는 느낌입니다. 개인이 살아가는 지역에 대한 자부심 안에 역할, 생활, 공간에 대한 자부심까지 담겨있습니다. 그래서 미드타운은 처음보다 알수록, 경험할수록 매력이 느껴집니다. 시대와 시간, 트렌드를 넘어 꾸준히 매력적인 공간으로 여겨지는 것입니다.

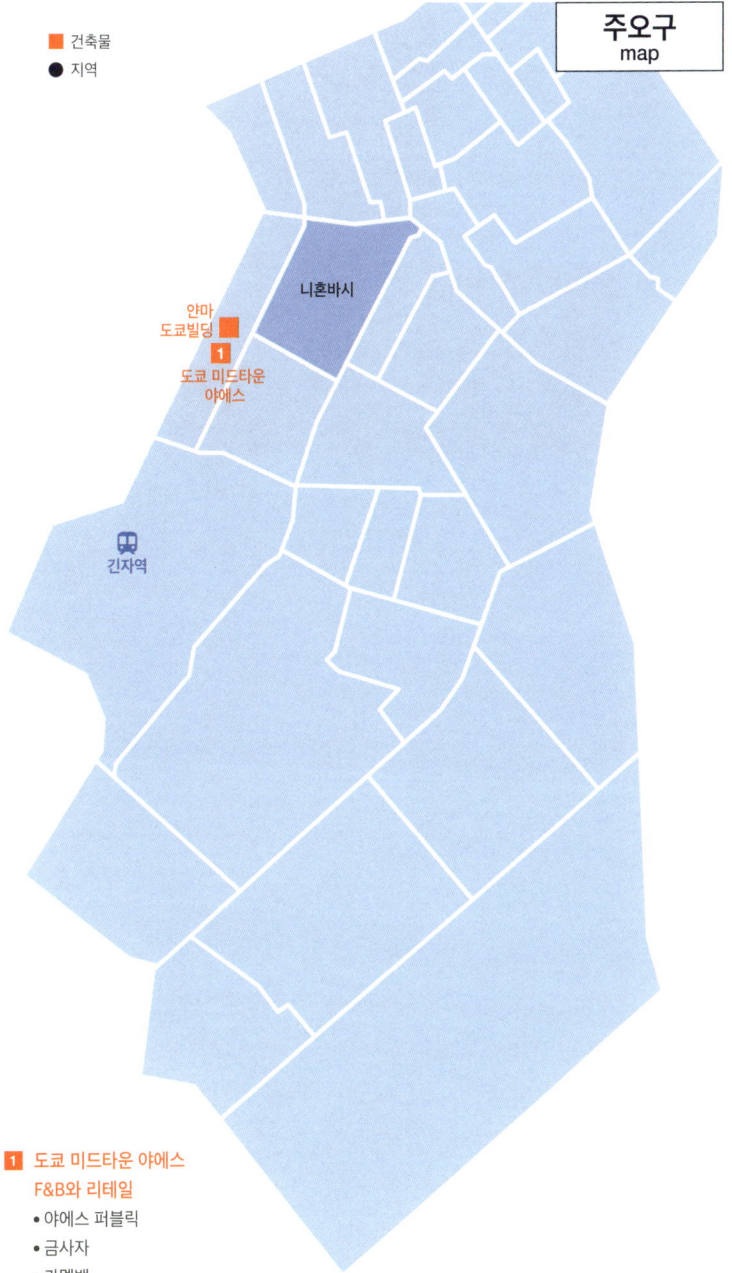

PART 6

CREATIVITY

도쿄의 여러 공간들은 사람과의 관계를 어떻게 만들어가고 있을까요? 이 질문의 첫 키워드로 도시와 공간의 글로벌 메가 트렌드 중 하나인 'Creativity'에 주목했습니다. 도쿄의 새로운 공간에서 크리에이티브를 컨셉으로 해 지역과 사람을 묶으려는 시도들을 찾아보았습니다.

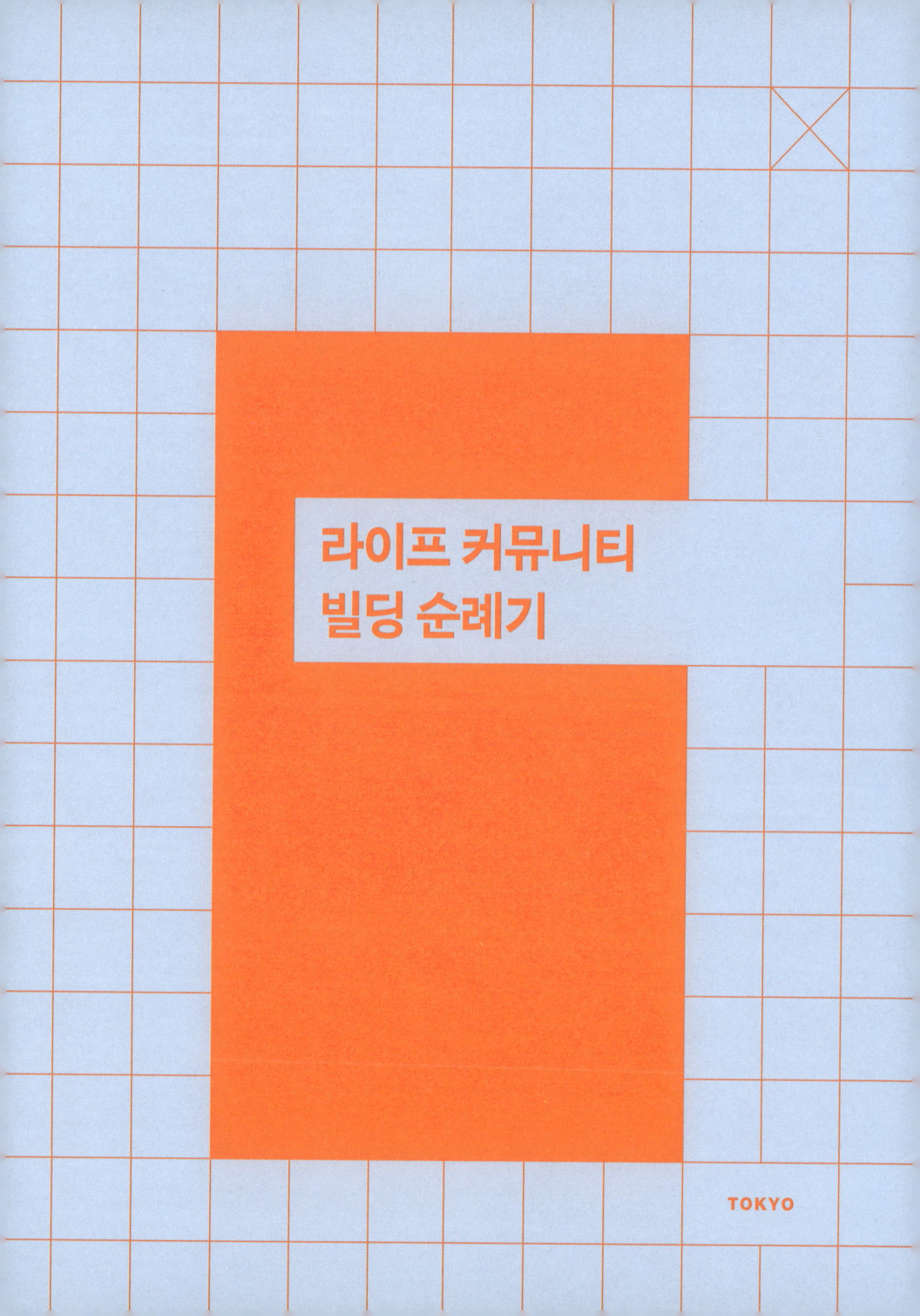

자산을 중심으로 도시와 공간의 변화를 살펴보았습니다.
자산이 완성되는 과정에서 중요한 것 중 하나가
'사람에 대한 이해'라는 사실을 알 수 있었습니다.
사람을 이해해야 공간 컨셉부터 구성, 운영까지
일관된 가치를 만들 수 있기 때문입니다.
기존의 도쿄 여행과 '임장'이라는 키워드를 포함한
여행의 차이점은 무엇일까요? 그것은 단일 장소를 보기보다
여러 장소들의 연관성을 보게 된다는 점입니다.
단순히 쇼핑, 맛집 등을 찾기보다
전체적인 공간이 제공하는 가치에 집중하게 됩니다.
이는 전체를 관통하는 하나의 흐름을 발견하는 기회이기도 합니다.
그 과정을 통해 '사람과 공간의 관계'가 개발의 주요 포인트라는
인사이트를 얻었습니다.
어떤 공간도 사람 없이는 의미를 가지기 어렵습니다.
지속될 수 있는 관계인지 일회성으로 끝나는 관계인지에 따라
건물이나 자산의 지속가능성까지 연결됩니다.
그렇다면 도쿄의 여러 공간들은
어떻게 사람과의 관계를 만들어가고 있을까요?
이 질문의 첫 키워드로 도시와 공간의 글로벌 메가 트렌드 중 하나인
'Creativity'에 주목했습니다.

'창발'의 지역
하라주쿠

도쿄에서 크리에이티브한 GEN-Z가 모이는 대표 장소가 하라주쿠입니다. 하라주쿠는 1970년부터 보행자 중심 지역이었습니다. 1977년 하라주쿠역 앞에서 아오야마 거리 교차로까지 오모테산도 구간이 완성되며 더 많은 젊은이들이 모이는 곳이 되었습니다. 1976년 야마자키 마키유키가 개업한 '크림소다', 1978년 '라포레 하라주쿠'의 개업으로 패션 중심지 기능이 강화되었습니다. 그러자 점차 젊은 크리에이터들이 하라주쿠에 있는 빌딩에 사무실을 차리기 시작했습니다. 문화적이고 크리에이티브한 감성을 가진 어른들이 살고 있는 동네에서 자신의 에너지를 발산하고 싶은 젊은이들이 모이는 거리로 변모해갔습니다. 이후로도 카와이 문화의 중심지, 도쿄 스트리트 문화 중심지 등 꾸준히 문화 중심지로의 역할을 해왔습니다. 여전히 하라주쿠에는 레이디 가가가 자주 찾았다는 패션숍 '도그'부터 MZ들의 애정을 받고 있는 글로벌 브랜드 '호카', 명품브랜드인 '디올'과 '조말론' 등이 공존합니다. 미로처럼 복잡한 다케시타 거리를 꽉 채운 이들의 옷차림만 봐도 재미있는 곳이기도 합니다.

이곳에 도큐부동산이 개발한 '하라카도'가 문을 열었습니다. 도큐부동산은 하라카도를 "지금까지 다양한 문화를 만들어온 하라주쿠와 진구마에 지역의 역사, 각자의 방식으로 자신을 표현하는 현재의 시대적 배경을 바탕으로 새로운 하라주쿠 문화를 창조하고 체험하는 장소"라고 소개합니다. 그렇기에 단순히 리테일 브랜드를 입점시키고 상품을 구입하는 공간이 아니라 하라주쿠 문화를 경험하고 창조하는 기능을 가진 공간으로 구성했습니다.

하라카도가 위치한 자리는 1960년대 크리에이터들이 자주 모였다는 '하라주쿠 센트럴 아파트'가 있던 곳입니다. 당시 카피라이터이자 '호보니치'를 운영한 이토이 시게사토의 사무실이나, 패션 디자이너 카와쿠보 레이의 '꼼 데 가르송'이 시작된 곳 역시 이 아파트였습니다. 그렇기에 도큐부동산은 지역과 공간의 역사까지 고려해 같은 자리에 크리에이티브적인 요소를 반영한 새로운 공간을 완성한 것입니다.

지역과의 연결을 강조하기 위해 건축가 히라다 아키히사와 협업합니다. 히라타 아키히사는 인터뷰를 통해 "주변의 환경과 얽힐 수 있는 여지를 만드는 것이 건축이라는 생각으로, 세계의 일부가 될 수 있는 가능성을 발견하는 건축을 지향"한다고 밝혔습니다. 지금까지 그가 설계한 건축물들은 이런 특성을 공통적으로 보여줍니다. 오타시 미술관·도서관은 안과 밖이 유기적으로 얽힌 풍부한 공간을 실현해 거리의 새로운 랜드마크이자 다양한 활동의

장을 제공했습니다. 특히 건물 위에 푸른 식물을 재배하기 위한 토양을 놓아 건축과 녹지의 조합, 예술과 자연의 조합으로 언덕과 같은 풍경을 연출했습니다. 마을 사람들이 방문하고, 지나가고, 다시 마을로 이어지도록 해 거리의 '매듭'이자 또 다른 작은 마을과 같은 역할을 하고 있습니다. '도시에 창의성을 불어넣기 위한 지성과 감성의 플랫폼'인 미술관의 기능을 하고, 사람 사이의 관계를 완성해주는 건축물인 셈입니다.

트리니스 하우스Tree-ness house에서는 식물과 공간이 얽히면서 다층적인 거주 환경을 완성했습니다. 큰 개념은 나무입니다. "나무는 뿌리, 줄기, 가지, 잎, 꽃 등 여러 부분으로 구성되어있지만 이러한 부분이 완전히 독립적이지는 않습니다."라는 그의 설명처럼, 트리니스 하우스 역시 하나의 건물이지만 다층적 공간 구성을 통해 독립적인 공간들이 존재하는 건축물로 완성됐습니다. 단순히 층을 하나씩 쌓아 올리지 않고 거리, 외부 공간과 같은 맥락적 요소까지 고려했습니다. 이를 통해 모호한 실내-실외 관계가 특징인 얽힌 공간이 만들어집니다. 이 부분에서 히라타 아키히사 건축의 특징인 '얽힘'이 드러납니다. 나인아워즈 호텔 한조몬 역시 미러 유리와 캡슐 모듈인 120cm 그리드 새시를 활용하고, 입체적으로 건물 공간에 공중 나무를 배치해 거리에 녹색을 증폭시켰습니다. 이처럼 자연적인 요소를 건축의 일부로 포함시켜 인간과 자연의 관계나 건물과 인간, 자연이 만들어가는 관계를 느낄 수 있는 공간 연출에 특화된 설계를 보여줍니다. "미생물처럼 다

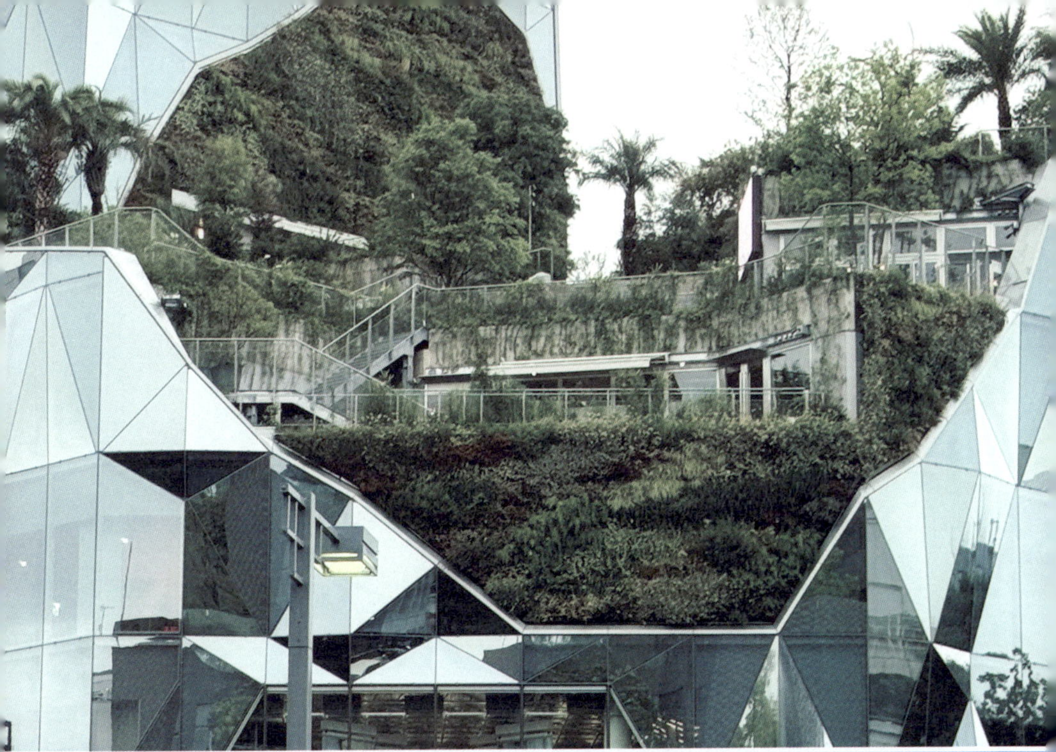

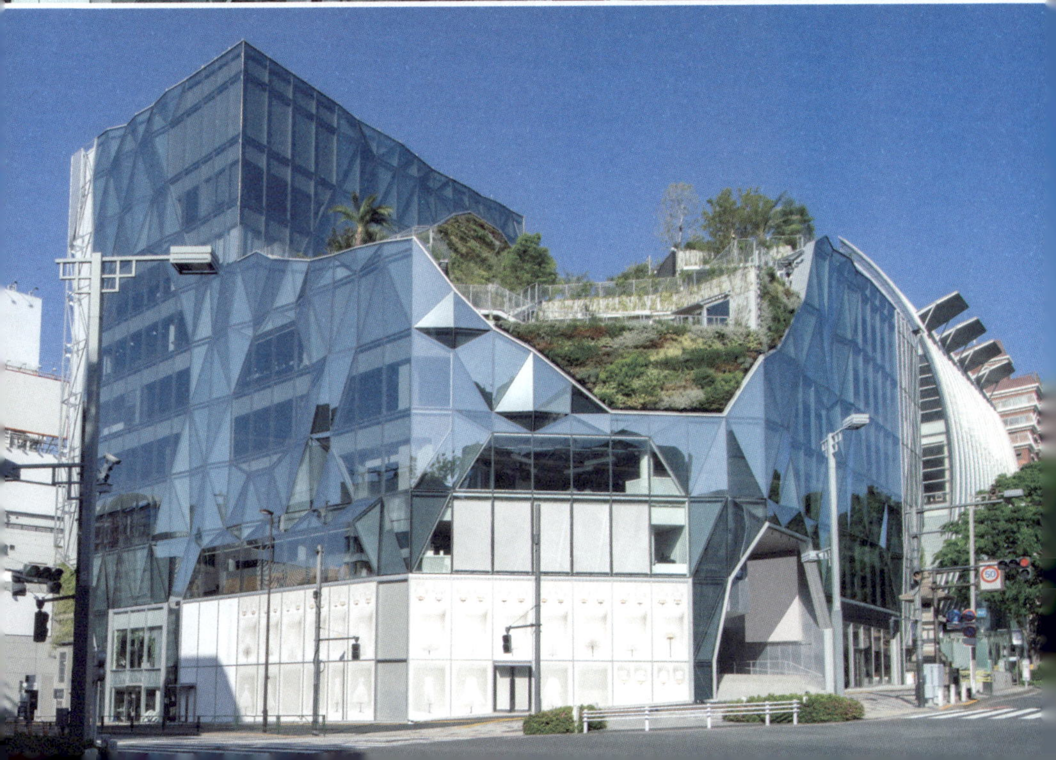

양한 인간이 많이 모여 모두 발효하고 꽃을 피운다. 그렇게 해서 거리를 건강하게 한다."라는 그의 생각이 자연 공간을 구현하는 지점에 투영된 것입니다. 나무와 식물의 형태에 영향을 받은 건축가답습니다.

히라타 아키히사 건축의 특징은 하라카도 설계에도 고스란히 반영됐습니다. 공간이 지역과 사람, 건물과 관계를 만들고 이들이 서로 얽히는 매개체 역할을 합니다. 유리로 된 외관과, 그중 일부를 떼어내고 완성시킨 옥상 테라스가 눈을 사로잡습니다. 외부에서 보면 마치 하나의 예술작품처럼 보이는 구조입니다. 건물이 곧 작품이자 미디어이기도 합니다. 하라카도 앞 교차로는 연간 8,900만 명의 전 세계인들이 오가는 곳입니다. 그들을 대상으로 지속적인 발신이 가능한 미디어는 하라카도가 유일합니다. 건축물 자체가 연결의 고리가 되어, 크리에이티브한 사람들을 공간 안으로 유입시키는 힘을 가지고 있습니다.

프로그램과 마케팅,
핵심 테넌트 시설로
'크리에이티브' 아이덴티티 강화

하라카도는 크리에이티브를 키워드로 한 만큼 오픈 소식도 새로운 형식으로 알렸습니다. 오프닝 뮤직비디오를 제작한 것입니다. 하라카도와 연결된 크리에이터들, 입주하는 브랜드의 직원 등 총 300명의 스텝이 참여했으며, 40시간에 걸쳐 촬영했습니다. 팝 하우스 유닛 '수요일의 캄파넬라'의 시우가 기념곡 〈시텐노〉를 만들었습니다. 이를 바탕으로 하라카도만의 감성을 담아 뮤직비디오를 완성했습니다. 공간이 오픈하기 전 뮤직비디오를 통해 '하라카도'라는 공간의 흥미를 높여줄 마케팅 활동을 시작한 것입니다.

하라카도 반상회도 인상적인 프로그램입니다. 하라카도가 문을 열기 전 각 매장의 점장들이 모였습니다. 이들은 장기적으로 하라카도를 어떤 시설로 만들지 이야기하며 시설의 세부적인 사항들을 결정해나갔습니다. 개발자가 주도하는 공간 개발이 아니라 운영자들의 소리가 반영됐습니다. 하라주쿠에 어울리는 상업시설을 만들기 위해 지금까지 와는 다른 방식을 도입한 것입니다. 이 같은 과정이 선행되었기에 기존과는 다른 리테일 구성이 완성됐습니다.

중심 역할은 3층에 조성된 크리에이터 플랫폼이 담당합니다. 크리에이터들이 운영하는 약 20개 정도의 매장을 입점시켜 창작자와 창작자, 창작자와 대중 간의 적극적인 교류를 가능하게 하고, 트렌드가 새롭게 만들어지는 장소로 운영합니다. 크리에이티브 디렉터 히데 아키라(OOAA 대표)와 프로듀서 시로모토 쿠츠미가 운영하는 베이비 더 커피 크루 클럽BABY THE COFFEE CREW CLUB도 인상적입니다. 회원제로 운영되며 크리에이터들이 모이는 라운지 역할을 합니다. 2층과 3층을 연결해 잡지들을 모아놓은 커버COVER, 요히쿠 디자인 스튜디오의 카피 코너도 크리에이티브를 지원하는 곳들입니다. 영감이나 정보를 얻을 수 있는 잡지와 아이디어의 결과물을 출력할 수 있는 곳들이 한 공간에 어우러져 있습니다. 이 밖에도 소셜 크리에이티브 전문 스튜디오, 팟캐스트 스튜디오 등 다양한 목적으로 활용할 수 있는 스튜디오 시설이 3층 곳곳에 자리합니다. 크리에이터의 모든 활동을 하라카도 3층에서 한 번에 할 수 있는 환경을 만들어두었습니다.

하라카도의 핵심 테넌트 시설 또한 '크리에이티브'라는 키워드를 놓치지 않았습니다. 지하 1층에 위치한 '고스기유 하라주쿠'는 고엔지 지역에서 문을 연 지 91년이 된, 문화재로도 지정된 목욕탕입니다. 사우나 시설보다는 목욕이라는 본연의 역할을 강조했습니다. 일상에서 목욕을 즐기던 일본의 문화를 살리면서 매일 가고 싶은 공간을 만든 것입니다. 목욕탕이라는 공간적 특징 외에 다양한 컬래버레이션을 통한 마케팅 활동도 꾸준히 진행합니다. 언더아머의 물품을 대여해주거나 삿포로 맥주 한 잔의 여유를 느낄 수 있는 경험도 제공합니다. 더불어 지역을 하나로 묶어주는 커뮤니티로의 역할에도 충실합니다. 지역 주민을 만나거나 친근한 이들과 모여 이야기를 나누기도 하면서 하루를 마무리하는 목욕탕의 공간적 기능을 강조했습니다.

〈TOKYO CREATIVE REPORT〉 내용에서는 사람의 창의성이 발휘되기 쉬운 10개 장소 중 한 곳으로 목욕탕을 꼽았습니다. 전

자 기기에서 벗어나 자신만의 시간을 보낼 수 있고, 복잡한 머릿속을 정리할 수 있는 환경 덕분입니다. 기분이 좋아지거나 숙면을 취하게 되는 등 부가적으로 따라오는 긍정적인 라이프의 변화도 있을 것입니다. 사우나는 현재 도쿄의 새로운 트렌드 중 하나로 주목받는 장소입니다. 1956년 일본 최초의 사우나가 생긴 이후 지금까지는 중년 남성을 중심으로 한 공간이었습니다. 그러나 일본 곳곳에 위치한 사우나를 탐방하는 내용의 만화 〈사도(サ道)〉가 인기를 얻으면서 최근 몇 년간 '사카츠(사우나+활동)'라는 신조어까지 등장할 정도로 젊은층의 관심이 급격하게 상승했습니다.

창의성을 살려주는
도심 속 라이프 포인트 스폿

트렌드를 이끄는 공간들은 기존의 사우나와는 달리 감각적입니다. 도심의 새로운 라이프 포인트 스폿의 역할을 합니다. 그중에서도 하라카도의 고스기유 하라주쿠와 함께 크리에이티브를 살린 사우나 몇 곳이 눈에 띕니다. 긴자에는 '사람이 자연체가 될 수 있는 공간이나 씬을 체험하기 위해 태어난, 묵지 않는 호텔'을 컨셉으로 한 복합시설이 있습니다. 사람이 오가고 모여 커뮤니케이션하며, 도쿄 긴자 거리에 새로운 활기를 제공하는 것을 목표로 긴자 7가에 완성된 복합시설 'SALON 91° 살롱·나인티원'입니다. 아리카 사진관 빌딩 자리에 지상 12층 규모로 건설되었으며, 9층부터 12층까지는 도쿄 다마 지역에서 생산된 삼나무를 활용해 목조 건축물로 지어 도심 한복판에서 자연을 체감할 수 있습니다. 이곳의 대표 시설은 11층과 12층에 위치한 사우나입니다. 11층은 객실 형태로 사우나가 설치되어 있는데, 1인부터 최대 3인까지 함께 즐길 수 있는 프라이빗 공간입니다. 12층은 15명 정도가 사용할 수 있는 대중사우나가 위치합니다. 회원제도를 통해 개인의 라이프 스타일에 맞춰 이용할 수 있도록 운영할 예정이며, 현재는 시간 단위로 예약 후 이용할 수 있습니다. 도심 속 라이프

사이클의 온오프를 가능하도록 만들어줄 휴식 공간입니다.

　시부야에도 사우나 명소가 있습니다. 웰니스 기업 토요쿠가 만들고, 사우나 붐을 이끈 〈사도(サ道)〉의 저자 다나카 가츠키가 프로듀서라는 점에서 많은 이들의 관심을 받은 '시부야 사우나스 SHIBUYA SAUNAS'입니다. 특이한 점은 뜨거운 탕이 없다는 것입니다. 9개의 사우나실과 2종류의 냉탕 시설만 있습니다. 사운드 시스템 설치로 음악과 사우나를 동시에 즐길 수 있는 'SOUND SAUNA LAMPI', 증기를 발생시켜 수건으로 확산해 아로마 향과 뜨거운 바람을 즐길 수 있는 독일식 사우나 '아우프구스' 등 다양

한 사우나를 경험할 수 있습니다. 미슐랭 1스타를 받은 레스토랑에서 몸에 좋은 음식도 즐길 수 있습니다.

부티크 호텔처럼 고급스러운 공간을 컨셉으로 4층짜리 건물 하나를 사우나 시설로 만든 '아치ARCH'도 있습니다. 숙박과 사우나를 함께 즐길 수 있는 프라이빗 사우나입니다. 니혼바시 지역에 '먹는 사우나'를 표방하며 생긴 'SAUNA OOO TOKYO'도 인상적입니다. 사우나 후의 행복감을 깊게 느끼며, 신체에 상냥한 맛을 제공한다는 컨셉으로 레스토랑 '+O+O+O Sauna And Kitchen'을 함께 운영합니다.

사우나를 경험했던 기록을 남길 수 있는 플랫폼도 있습니다. sauna-ikitai.com입니다. 도쿄 내 사우나 정보를 찾을 수 있고 이벤트, 굿즈 등을 구입할 수도 있습니다. 새로 문을 연 사우나 정보도 소개됩니다. 자체적으로 매거진을 운영하며 사우나 문화에 대해 공유합니다.

크리에이티브를 심은 동네
다이칸야마

도쿄의 크리에이티브한 동네를 이야기할 때 빼놓을 수 없는 곳이 다이칸야마입니다. 1977년 힐사이드 테라스가 완성되며 도쿄 여성지 대부분에서 다이칸야마를 소개했습니다. 한적한 주택지에서 사람들이 방문하는 거리로 변화되는 지점이었습니다. 1983년 4월 8일 발행된 〈앙앙 an·an〉에서는 "자극해주는 거리, 패션 피플이 모이는 거리 다이칸야마에는 BIGI, MELROSE, PINK HOUSE, D.GRACE, CUSHUKA 등의 스튜디오가 자리하며 더 많은 이들을 불러 모은다. 이곳들을 목적으로 방문하는 디자이너, 스타일리스트, 패션 관계자가 눈에 띈다. 또한 이들이 이용하는 레스토랑과 다방이 자연스럽게 패셔너블한 분위기를 연출한다."라고 소개했습니다. 1988년 3월 16일 발매된 매거진 〈뽀빠이 POPEYE〉도 "다이칸야마는 지금, 가장 세련된 거리"라는 타이틀로 다이칸야마 특집을 다뤘습니다.

1980년대의 일본은 경기호황에 따른 경제 성장 시기였기에 패션에서도 개성과 차별성을 강조했습니다. 자연스럽게 백화점뿐 아니라 병행수입, 대형 자본의 유통에 의지하지 않는 해외 브랜드

발굴과 유행 등이 진행되며 작은 숍들이 인기를 얻었습니다. 다이칸야마에도 급속도로 작은 패션브랜드 숍들이 늘어나며 일본의 대표적인 광고대행사인 하쿠호도 역시 '가장 주목받고 있는 마을'이라고 평가합니다. 매력적인 거리로 인식된 다이칸야마는 점차 그 지역만의 독특한 특징을 키워나갔습니다. 그로 인해 크리에이티브한 감성이나 센스를 얻을 수 있는 공간으로 인식됩니다. 거리의 개성에 주목하던 도쿄의 1980-1990년대, 다이칸야마는 단연 가장 매력적이고 시간을 보내고 싶은 거리였습니다.

이런 특징은 꾸준하게 이어집니다. 1990년대와 2000년대를 지나며 다이칸야마는 점차 '세련된 동네, 어른의 거리'라는 키워드로 인식되기 시작했습니다. 매거진뿐 아니라 미디어를 통해 다이칸야마 곳곳의 모습이 소개되며 트렌디한 드라마 촬영지로 인기를 얻었습니다. 1996년 방송된 기무라 타쿠야 주연의 '롱베케이션'과 2000년에 후지TV에서 방영한 드라마 '야마토 나데시코'가 다이칸야마를 배경으로 합니다. 야마토 나데시코는 국내에서 김희선 주연의 드라마 '요조숙녀'로 리메이크 되기도 한 작품입니다. 일본 여성들이 가장 닮고 싶어 하는 배우 마츠시마 나나코가 주연을 맡으며 큰 화제성과 관심을 받았습니다. 그만큼 드라마의 인기도 엄청났으며, 드라마를 보고 실제 다이칸야마를 방문하는 이들도 늘어났습니다.

패션을 중심으로 크리에이티브한 사람들이 모이고, 미디어와

매체를 통해 알려지며 다이칸야마는 지속적으로 크리에이티브한 거리라는 인식이 만들어졌습니다. 이 과정에서 핵심적인 역할을 한 건물이 바로 '다이칸야마 힐사이드 테라스'입니다. 실제 다이칸야마에 새로 매장을 낸 사업자들을 대상으로 한 조사에 따르면 다이칸야마에 입점하는 이유 중 하나가 다이칸야마 힐사이드 테라스의 존재였을 정도입니다. 가장 다이칸야마의 느낌이 나는 곳을 묻는 질문에도 약 40%의 사업자가 다이칸야마 힐사이드 테라스를 꼽았습니다.

1969년 A동과 B동이 완성되며 문을 연 힐사이드 테라스는 주거, 점포, 오피스로 구성된 복합 건축물입니다. 아사쿠라 부동산이 소유하고 있던 토지를 활용했는데, 당시에는 초록빛이 우거진 길쭉한 경사지였습니다. 급한 개발을 지양하고, 주변 환경의 변화에 천천히 융합될 수 있기를 원했던 아사쿠라 부동산의 방향성에 맞춰 1969년부터 1994년까지 6단계로 나눠 개발이 진행됐습니다. 첫 건물이 문을 연 후 모든 건물이 완공되기까지 약 25년이 걸렸습니다. 그러나 시간을 충분히 들여 개발과 운영을 이어오면서 힐사이드 테라스는 건축물과 공간에서 진행되는 프로그램을 통해 새로운 도시 문화를 형성하였습니다. 상호작용으로 영향을 주고받으며 자연스러운 공간이 된 것입니다.

공간은 건축가의 건축관에서도 영향을 받습니다. 힐사이드 테라스를 설계한 건축가 마키 후미히코의 건축관은 "부분과 전체,

공간과 형태, 내부와 외부가 각각 상호 보완적인 관계를 가지면서 전체 공간이 완성된다."는 것이었습니다. 즉 건물이 모여 마을이 되고, 마을이 모여 도시가 되는 군집 형태의 발견을 중요시합니다. 힐사이드 테라스 역시 건축물 배치에 따라 각기 다른 거리 풍경을 느낄 수 있는 점, 하나의 건물 안에 단순한 요소와 기하학적 디자인이 어우러지는 점 등에서 마키 후미히코의 건축적 특징을 찾아볼 수 있습니다.

물론 하나의 건물만으로도 기능적 역할은 충분히 수행합니다. 그러나 건물과 건물이 모여 또다른 공간을 만들어내는 특징도 보여줍니다. C동 내부에는 건물의 마당 같은 공간을 만들고, 이를 감싸는 형태로 상업 공간들이 배치되었습니다. 사용하는 이들로 인해 건물의 내부와 외부가 상호작용하도록 만든 건축가의 의도가 느껴집니다. 각 건물마다 다른 재료를 활용해 외관에도 차이를 주었습니다. 이는 25년동안 어떤 변화를 가졌는지 알 수 있는 부분입니다. 빠르게 짓고자 했다면 알 수 없었을, 지어진 당시의 시대적 특징이나 트렌드도 건축물에 반영됐습니다.

이런 특징들이 힐사이드 테라스가 다이칸야마의 대표 장소로 자리 잡는 이유 중 하나가 되었습니다. 내부 프로그램에서도 상호작용을 만들 수 있는 요소들을 포함했습니다. 대표적인 공간이 F동에 위치한 클럽 힐사이드입니다. 도시 속의 마을을 표방하고 지역, 세대, 장르를 넘어 사람들이 만남과 교류의 장으로 활용할 수 있도록 운영됩니다. 입회금과 연회비를 내면 누구나 회원이 될 수 있습니다. 이렇게 모인 이들은 세미나, 심포지엄, 마켓 등 다양한 이벤트를 개최하며 다이칸야마 지역의 커뮤니티 역할을 합니다. 클럽 힐사이드는 회원들만을 위한 도서관 힐사이드 라이브러리, 라운지 클럽 힐사이드 살롱 등도 함께 운영합니다. 힐사이드 테라스에 사는 사람, 일하는 사람, 방문하는 사람을 연결하기 위해 다이칸야마의 매력을 담은 에세이와 정보 중심의 책, 힐사이드 테라스 통신도 1년에 2번 출간합니다. 커뮤니티와 함께 브랜드 측면에서도 힐사이드 테라스는 여전한 영향력을 가집니다. 작년 4월, '더 콘란숍 다이칸야마'가 힐사이드 테라스에 입점했습니다. 여전히 트렌디한 브랜드 숍이 힐사이드 테라스를 거점으로 활용한다는 것은 자산이 지역에 미치는 영향력을 가늠할 수 있는 지표이기도 합니다.

라이프 플랫폼으로서의 공간
포레스트게이트

지금도 다이칸야마의 힐사이드 테라스는 하나의 플랫폼 공간 역할을 지속하고 있습니다. 도시 주민들이 모이는 커뮤니티이자 일상생활을 할 수 있는 다양한 상업시설이 존재하는 곳입니다. 긴 시간 라이프 커뮤니티 빌딩으로서의 역할을 수행해온 만큼 하나의 장소가 거리에 미치는 영향에 대해서 생각해볼 수 있는 좋은 사례입니다. 힐사이드 테라스는 건축, 디자인, 패션을 비롯해 상업 분야에 종사하는 많은 이들의 관심을 받게 되면서 다이칸야마의 지명도를 높이는 동시에 사람들을 끌어들이는 원동력이 되었습니다. 라이프 커뮤니티 빌딩이 "모든 사람이 창조적인 행동을 할 수 있도록 하는 장소, 기회, 자극"의 핵심 요소이자 도시의 창조성을 높이는 원동력임을 알 수 있는 부분이기도 합니다.

최근 도큐부동산이 개발한 새로운 라이프 커뮤니티 빌딩이 다이칸야마에 문을 열었습니다. 포레스트게이트가 그 주인공입니다. 사실 다이칸야마와 도큐부동산의 관계는 꽤 오래전부터 시작됩니다. 1955년 현재의 포레스트게이트 부지에 일본 최초의 외국인 대상 고급 임대 아파트 '다이칸산 도쿄 아파트'를 개발하면서부터 인연이 생겼습니다. 이후 60년 이상 다이칸야마에서 마을 만들기를 진행해왔습니다. 도큐부동산의 주요 활동지는 시부야역 근처이지만, 시부야역에서 반경 2.5km 거리의 지역을 광역시부야권으로 설정하여 개발하고 있습니다. 살고, 일하고, 노는 생활의 3요소가 하나로 더해진 공간에 디지털과 지속가능성의 개념까지 포함해 시부야형 도시 생활의 실현 공간을 목표로 합니다. '포레스트게이트 다이칸야마' 역시 그런 실험의 결과물이기도 합니다.

2023년 10월에 오픈한 포레스트게이트 다이칸야마는 공간이 가지는 특징이 이름에 고스란히 담겼습니다. 상업시설, 공유오피스, 임대주택 등이 자리한 메인동과 카페와 이벤트 공간으로 구성된 2층 규모의 목조 건축물인 테노하 동으로 나눠지지만 전체적으로 자연과 숲을 키워드로 했습니다. 건축물 어디에 있어도 초록이 느껴져 마치 숲속에 있는 기분을 만끽하며, 일상 속의 비일상을 만나는 기분을 제공합니다. 나무 상자를 쌓아놓은 것 같은 외관과 중간중간 심은 나무가 어우러지며 위로 뻗은 숲을 연상시키기도 합니다. 건축가 쿠마 켄고의 설계입니다. 그는 과거에 경험했던 다이칸야마의 고요함과 초록의 분위기를 재현하겠다는 마음으로 설계했다고 합니다.

외관에서만 숲과 자연을 연상시키는 것은 아닙니다. 자연, 식물, 지속가능성 등의 단어가 연상되는 브랜드가 입점해있습니다.

그린 디자인의 파이오니아가 만든 브랜드 '솔소 홈SOLSO HOME'은 집이나 회사 등 일상의 공간에 작은 그린을 완성할 수 있도록 식물과 함께하는 라이프 스타일을 제안합니다. 레스토랑 '미드트리'는 음식x뮤직x아트를 컨셉으로 휴식을 느끼며 오감을 채우는 시간과 음식을 제공합니다. 마음과 몸에 영양을 주는 카페로 스스로를 소개하고 있는 '블루보틀'도 입점해있습니다. 특히 인조 잔디밭과 파라솔 테이블 등을 활용해 휴양지에서 만난 카페를 연상하게 합니다. 방문했을 당시 핀란드 디자인 하우스 '마리메꼬'와 컬래버레이션을 진행하며 일상 속 영감을 주는 공간으로 마케팅하고 있는 모습이었습니다. 이 역시 포레스트게이트 다이칸야마라는 공간적 특성을 고려한 브랜드 협업의 하나입니다. 천연 효모와 제철 식재료를 사용한 빵 브랜드 '블랑쥬리', 지역과 생산자와의 연결을 통해 즐거운 푸드 문화를 제공하는 '식품고(& Social Kitchen Daikanyama)' 역시 이 공간의 특색을 강화해주는 브랜드입니다.

주거 공간에도 특별함을 더했습니다. 건축가 쿠마 켄고, 시설 속 자연을 디자인하는 디자이너 사이토 타이치, 푸드 에세이스트 히라노 사키코와의 협업을 통해 3가지 테마로 구성했습니다. 쿠마 켄고가 디자인한 방은 방 전체를 덮는 한 장의 천이 포인트입니다. 이 공간에서만큼은 완벽한 오프OFF를 가능하게 하겠다는 의도입니다. 사이토 타이치가 디자인한 공간은 계절의 변화를 집 안에서도 느낄 수 있도록 식물을 중심으로 꾸며졌습니다. 히라노 사키코의 공간은 'All day Dining House'를 컨셉으로 8인용 테이블이 방 한가운데를 차지하는 디자인입니다. 각기 다른 라이프 스타일을 중심으로 취향이 있는 공간을 제안합니다.

여기서 끝이 아닙니다. 테노하동의 입구 바로 앞은 다이칸야마 지하철 역으로, 포레스트게이트가 마치 다이칸야마로 향하는 입구 같습니다. 다이칸야마로 향하기도 하고, 지역과 도시를 연결하고, 지속가능한 생활이 퍼져나가는 게이트이자 순환지로서의 역할을 합니다. 버려진 생화를 업사이클해 만든 드라이플라워를 판매하는 매장, 다이칸야마 지역과 순환을 테마로 포레스트게이트의 옥상과 실내에서 키운 채소를 활용한 메뉴가 있는 카페, 포장지나 일회용품을 제공하지 않는 셀렉트숍 등 공간 운영에서도 이들이 생각하는 '순환'의 가치가 드러납니다.

테노하 건물의 마당처럼 구현된 공간에서 마르쉐, 지역 워크숍, 플리마켓 등 다양한 행사도 진행됩니다. 이는 브랜드, 주거를 넘어 공간에서 이뤄지는 다양한 프로그램을 통해 사람들이 연결되는 커뮤니티의 역할도 수행합니다. 포레스트게이트 다이칸야마를 대표하는 커뮤니티로는 CIRTY서티가 있습니다. "도시에서 지속가능성을 생각한다, 훨씬 먼 미래가 아니라 가까운 미래를 생각한다, 혼자가 아니라 모두가 생각한다."라는 의미를 담아 일상 생활에 가까운 체험부터 함께 하는 커뮤니티입니다. 아이디어가 모이는 장소이자 정보를 발신하는 미디어 역할도 동시에 수행합니다. 도큐부동산이 지역 과제를 해결하는 거점 공간 프로젝트로 테노하TENOHA를 운영하는 것과 연결되는 지점입니다. 포레스트게이트가 문을 열기 전 이 자리에서 5년간 운영된 라이프 스타일 편집숍 테노하와도 이어집니다. 포레스트게이트가 오픈하며 기존의 라이프 스타일 편집 기능을 넘어 "지역 공생, 제휴 활성화, 도시와 지역의 공동 창출을 만드는 거점 역할"을 담당하는 공간으로 운영되고 있습니다.

사람, 공간, 지역의 '연결'과 '순환'

실제 도쿄 에이전시 SIGNING사이닝에서는 매년 창의적인 힘을 통해 마을에 활력을 주고, 보다 좋은 도쿄의 미래를 실현해나가는 것을 목표로 〈도쿄 크리에이티브 리포트TOKYO CREATIVE REPORT〉를 발행하고 있습니다. 리포트에 따르면 앞으로의 시대에서 크리에이티브는 "직업, 장르, 장면의 울타리를 넘어 모든 사람이 새로운 것을 창조하려는 적극성"이라 정의합니다. 이를 위해 도쿄의 거리에 가장 필요한 것을 "모든 사람이 창조적인 행동을 할 수 있도록 하는 장소, 기회, 자극"이라고 이야기합니다. 실제 도쿄의 새로운 공간에서 크리에이티브를 컨셉으로 해 지역과 사람을 묶으려는 시도들을 찾을 수 있었습니다. 이 개념을 자산과 지역, 사람이 서로에게 긍정적 영향력을 미치며 창의력을 발산하는 일상적 공간, '라이프 커뮤니티 빌딩'이라고 정의하고자 합니다. 이제 자산은 창의력을 발산하는 거점이자 '창의'의 결과가 구현되는 곳으로, 지역과 도시 안에서 다양한 역할을 수행합니다. 그러한 자산으로 사람이 다시 모여들고 새로운 자극과 기회가 생깁니다. 그렇기에 미래의 도시에는 '라이프 커뮤니티 빌딩'의 역할이 더욱 중요해질 것입니다.

'인간은 무엇을 중요하게 생각하는가?'라는 질문에서 크리에이티브는 시작됩니다. 건축물, 프로그램, 브랜드 역시 이 질문에서 출발하면 창의적인 관점과 아이디어를 발견하고 만들 가능성이 높아집니다. 결국 한 끗 차이가 기존과 다른 가치를 전달하는 원동력이 되는 것입니다. 그 창의성의 발현을 위해 필요한 장소, 기회, 자극이 하나로 모여있는 곳이 라이프 커뮤니티 빌딩입니다. 동시에 발현된 창의성을 바탕으로 운영되는 곳도 라이프 커뮤니티 빌딩입니다. 시작이자 결과인 셈입니다. 새로운 크리에이티브가 만들어지는 곳이자 크리에이티브가 구현된 곳이기도 합니다. 단순히 건물만 지어서는 불가능합니다. 지속적인 운영과 관계 맺기가 이뤄져야 합니다. 이 지점에서 또 하나의 공통 키워드인 '바이오필릭'을 발견할 수 있습니다. 자연이야말로 지속적인 운영과 관계 맺기를 통해서만 삶의 일부분이 될 수 있기 때문입니다.

1 하라카도 F&B와 리테일
- BABY THE COFFEE CREW CLUB

2 오모테산도 힐스 F&B와 리테일
- OSAJI
- K-3B

3 오쿠시부야 F&B와 리테일
- PATH
- Henderson
- FUGLEN TOKYO
- CAMELBACK sandwich&espresso
- SHIBUYA CHEESE STAND
- pivoine
- BONDI CAFE YOYOGI BEACH PARK
- HININE NOTE
- Roundabout

4 미야시타 파크 F&B와 리테일
- Sequence Miyashita Park
- RAYARD MIYASHITA PARK
- 海南鶏飯食堂 5 MIYASHITA PARK
- Kith Tokyo

5 포레스트게이트 다이칸야마 F&B와 리테일
- MIDTREE
- 블루보틀
- 블랑쥬리
- 식품고(Social Kitchen Daikanyama)
- Mardi Mercredi Daikanyama

6 에비스 F&B와 리테일
- 에비스 요코초

PART 7

BIOPHILIC

"도쿄의 여러 공간들은 사람과의 관계를 어떻게 만들어가고 있을까?"라는 질문의 두 번째 키워드는 '바이오필릭'입니다. 바이오필릭 시티는 녹지율을 포함한 도시 내 자연 인프라를 구축하고, 그 안에서 다양한 생물과 사람의 공존이 가능한 도시를 제안합니다. 인간과 자연의 관계에 집중하는 것입니다.

바이오필릭은 '바이오필리아' 개념에서 시작되었습니다.
인간이 자연에 대해 본능적으로 유대감을 가진다는 것에서 출발합니다.
자연과 생명체를 의미하는 '바이오'와
사랑을 의미하는 '필리아'의 합성어이기도 합니다.
독일의 심리학자인 에리히 프롬이 처음 용어를 만들고,
20세기 생물학자 에드워드 윌슨이 널리 알렸습니다.
단어에 담긴 의미 그대로 생명체인 인간은 본능적으로
자연을 사랑하도록 설정되어있다는 것입니다.
동일한 개념이 티모시 비틀리에 의해 도시 개발에 접목되어,
바이오필릭 시티 도시계획 방법론이 만들어졌습니다.
바이오필릭 시티는 녹지율을 포함한 도시 내 자연 인프라를 구축하고,
그 안에서 다양한 생물과 사람의 공존이 가능한 도시를 제안합니다.
인간과 자연의 관계에 집중한 것입니다.

바이오필릭 라이프의
트렌디한 키워드, 분재

　　　　바이오필릭 시티가 지속적으로 유지 발전하기 위해서는 물리적인 자연 공간의 증가와 함께 그 안에 살아가는 이들의 참여, 커뮤니티 활성화가 중요합니다. 실제 도쿄에서는 공간적 인프라와 사람들의 참여가 활발하게 이뤄지는 바이오필릭 시티의 면모를 많이 느낄 수 있었습니다. 3,800만 명의 인구가 사는 콘크리트 정글이라 불렸던 도쿄인데, 개발을 거치며 건물에 자연이 공존하는 모습을 보여주고 있습니다. 생물학적 건축과 디자인이 반영된 결과입니다. 자연이 있는 공간에 사람이 모여드는 원리를 자산에도 구현했다고 볼 수 있습니다. 자연 공간을 중심으로 주변 지역이 트렌디하고 핫한 동네 또는 지역으로 관심을 받는 것도 동일한 영향의 일부라고 생각합니다.

　자연의 일부를 삶으로 가져와 휴식과 충전, 해소를 경험하는 환경을 제공하는 것은 점점 더 중요해지고 있습니다. 도시 개발의 측면에서도 이런 중요성을 인식하기 때문에 자연적 요소가 큰 영향을 미치고 있습니다. 실제 도쿄의 자산들은 모두 자연적 요소를 중요한 가치로 이해하고 있었습니다. 앞서 소개한 아자부다이힐스, 미드타운 등의 대형 자산 역시 녹지의 비율을 높이고 정원을 구현해 삶 속에 자연이 포함되도록 했습니다. 자연이 곧 라이프 스타일의 한 축을 담당하게 된 것입니다. 이와 관련해 기존에 있던 자연 요소를 활용하는 방법과 자연적 요소를 새로 만들어가는 방법이 있습니다. 도쿄에서는 두 방법 모두 찾아볼 수 있었는데, 공통점은 꾸준히 운영하는 힘이었습니다.

실제 도쿄에서 핫하다고 하는 장소에 갈 때마다 공통적으로 자연적인 요소가 존재했습니다. 특히 눈길이 갔던 것은 '분재'였습니다. 인테리어나 분위기, 역할은 각기 다름에도 대부분의 공간에 분재가 있었습니다. 분재는 자연 속에 있던 식물을 화분에서 키우며 자연에서의 모습을 삶 가까이에 두는 일본 예술의 한 분야입니다. 과거에는 은퇴 이후 노년층이 즐기는 취미로 여겨졌지만, 최근 몇 년 사이 분재를 즐기는 방법에 변화가 생겼습니다. 일상생활 속에서 분재를 키우거나 즐기는 젊은이들이 늘고 있습니다.

분재의 매력은 화분 하나로 다양한 자연의 모습을 연상할 수 있다는 점입니다. 작지만 응축된 아름다움이 있습니다. 플랜테리어와의 차이점도 여기에 있습니다. 분재는 계절의 변화를 느낄 수 있습니다. 새순이 돋거나 낙엽이 지고 나뭇잎이 떨어지는 등 하나의 작은 숲과 같은 모습을 경험할 수 있습니다. 그렇기에 자연을 내 삶에 가까이하려는 바이오필릭 라이프의 다양한 시도 중 하나로 볼 수 있는 것입니다.

　분재와 연관된 공간 중에서도 인상적인 곳은 도쿄에 위치한 마츠바야 사료Matsubaya saryo입니다. 분재를 매개로 삶의 휴식을 제공합니다. 차와 과자를 즐기며 분재의 정교한 아름다움을 감상할 수 있는 공간입니다. 이곳의 분재는 현재 일본에서 많은 팬을 가지고 있는 분재 아티스트 집단 'TRADMAN'S BONSAI'의 코지마 테츠다이라가 담당했습니다. 코지마 테츠다이라는 패션업계에서 바이어로 일을 하면서 일본 전통 문화의 훌륭함을 세계에 알리겠다는 목적으로 분재에 집중했습니다. 분재가 있는 공간을 연출하며 나이키, 디올, 리모와 등 글로벌 브랜드와 협업하고, 자체적으로 브랜드 팝업도 진행합니다. 패션 매거진을 통해서도 꾸준히 소개되며 분재가 더 이상 과거의 문화가 아니라, 젊고 현대적이며 감각적이라는 인지를 높이는 데 기여하고 있습니다.

마츠바야 사료는 분재만 감상하는 곳이 아닙니다. 한발 더 나아가 웰니스 프로그램을 적극 운영하고 있습니다. 뇌신경 외과 의사인 미치시타 마사타로가 의학적 근거를 가지고 개인의 뇌파를 측정한 후 마치 약을 처방하듯 뇌 상태에 맞는 음악을 제공합니다. 실제 과학적 연구를 통해 특정 주파수가 심신의 긴장을 해소하고 건강을 돕는다는 것이 밝혀졌습니다. 이를 이용해 음악을 만들어 뇌의 휴식, 자율신경계 조절 등의 기능을 돕습니다. 뇌를 쉬게 하는 것이 마음을 안정시키는 방법이라고 생각한 것입니다. 실제 사운드 트리트먼트 서비스를 받으면 마음의 평정, 집중력 강화, 스트레스 해소, 수면의 질 개선 등을 기대할 수 있습니다. 스마트폰에 해당 음악을 넣어 일상에서도 들을 수 있습니다. 단, 뇌 상태는 계속 변화하기 때문에 한 번 처방된 음악은 2주간만 유효합니다. 해당 체험은 시간당 6,600엔에 이용할 수 있습니다.

이 밖에도 다양한 리테일 매장이나 건물에서 분재를 비롯해 여러 바이오필릭 디자인 요소들을 발견할 수 있습니다. 리테일 분야에서는 꽃 모양 그래픽으로 인기를 얻은 한국 패션 브랜드 마르디

메크르디 도쿄 매장이 인상적입니다. 층별 이동을 위한 계단을 건물 외부에 만들었고, 내부와 외부의 자연적인 연결을 구현했습니다. 빛이 잘 들어오는 대형 창문을 통해 지역 경관을 볼 수 있으며 이끼색 나무 바닥, 기하학적 건물 구조 등이 자연과 닮아있습니다. 또한 외부에 있는 나무와 어우러지는 디자인 덕분에 나무 캐노피 안에 있는 기분도 느낄 수 있습니다.

도쿄역 동쪽에 있는 얀마 도쿄 Yanmar Tokyo 건물도 눈길을 사로잡습니다. 식품 생산과 에너지변환 기술을 개발하는 회사 Yanmar의 브랜딩 허브 역할을 하는 곳입니다. 이 건물 남쪽 외벽에는 대규모 파이프 루버 녹화 시스템이 설치되어 공용 구역 어디서나 초록색을 만날 수 있습니다. 3층 아트리움에서는 수경 재배를 활용한 녹지가 재배됩니다. Circadian 서캐디언 LED 조명을 활용해 순간마다 색 온도가 바뀝니다. 도쿄역 인근의 생물학적 공공건물 중 단연 눈에 띕니다. 들어서는 순간 꽃이 활짝 핀 공원 한가운데에 선 느낌입니다. 덕분에 기업에 대한 배경지식이 없어도 환경과 연관된 사업을 할 것이라는 인상이 전달됩니다. 환경을 중요하게 생각하는 브랜드의 아이덴티티를 공간에 담아 기업을 위한 쇼룸을 완성했습니다.

사람을 끌어들이는
자연의 힘

자연이 중요한 키워드인 까닭은, 자연을 중심으로 한 공간이 사람을 끌어들이는 힘을 가지기 때문입니다. 도쿄에서도 자연을 매개로 사람이 모여 트렌드 중심지가 된 대표적인 지역이 있습니다. 복잡하고 분주한 시부야 중심에서 요요기 공원 방향으로 15분 정도 걷다 보면 세련된 분위기의 차분한 동네를 만나게 됩니다. 이 지역이 최근 도쿄의 핫플레이스라고 불리는 오쿠 시부야입니다.

매거진 〈타임아웃〉은 2023년 세계 333개 도시 59개국에서 1만 2천 명을 대상으로 '자신이 사는 도시에서 지금 가고 싶은 거리'를 물었습니다. 각 도시 사람들의 대답을 통해 핵심 키워드로 등장한 것은 개성과 커뮤니티였습니다. 새로운 카페와 개발 공간들은 도시에 사람을 불러 모으긴 하지만, 오래된 술집부터 대를 이어 운영되는 숍들이 유지됐기에 거리의 매력, 도시의 개성이 완성될 수 있었습니다. 이런 기준으로 세계에서 가장 쿨한 거리 10위에 오르기도 한 곳이 오쿠 시부야 지역입니다. 매거진에서는 이 거리에 매력을 살리는 요소 중 제일은 녹지와 가깝다는 점이라고

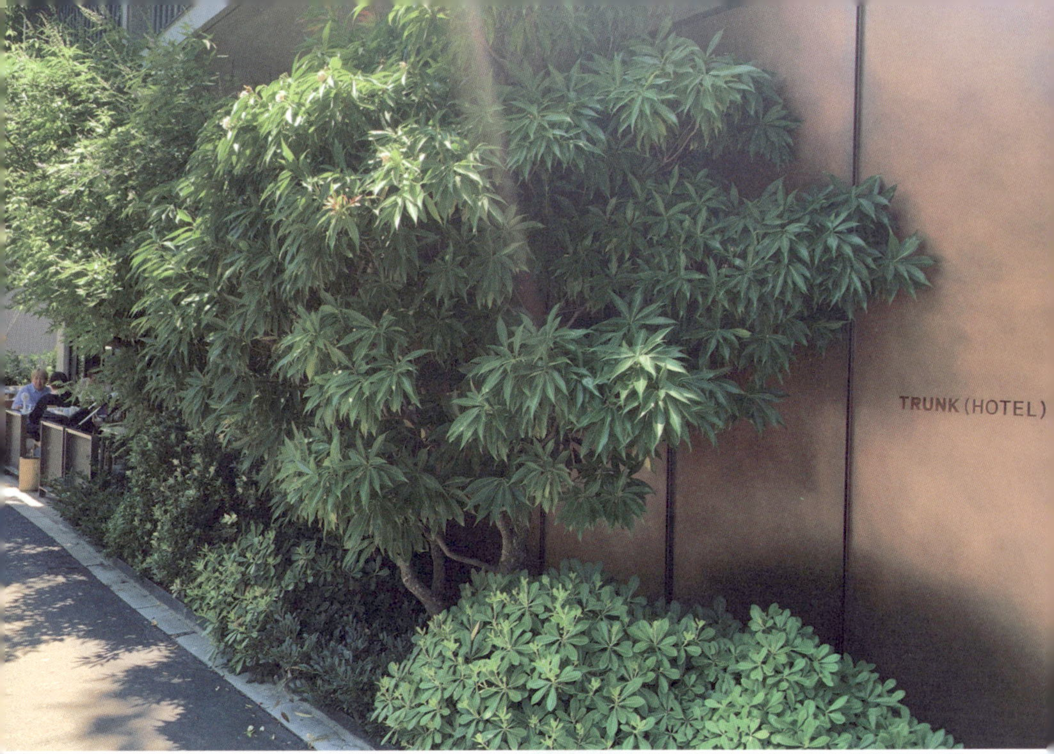
TRUNK (HOTEL)

THE MONOCLE SHOP
Spring 2024

神山商店会

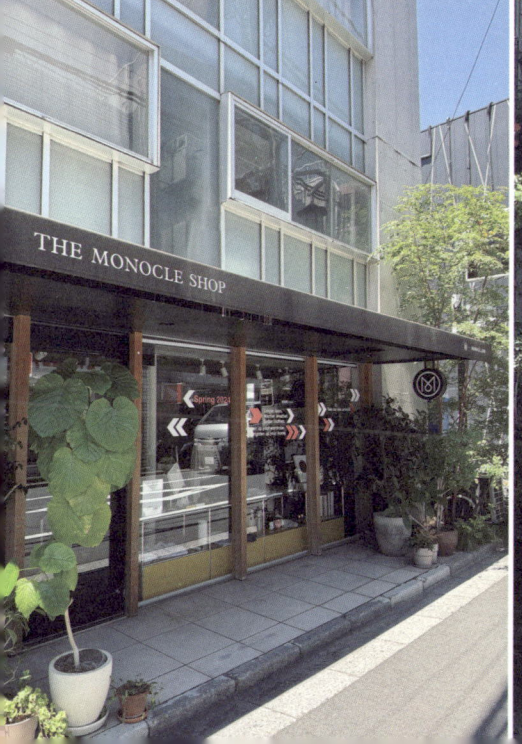

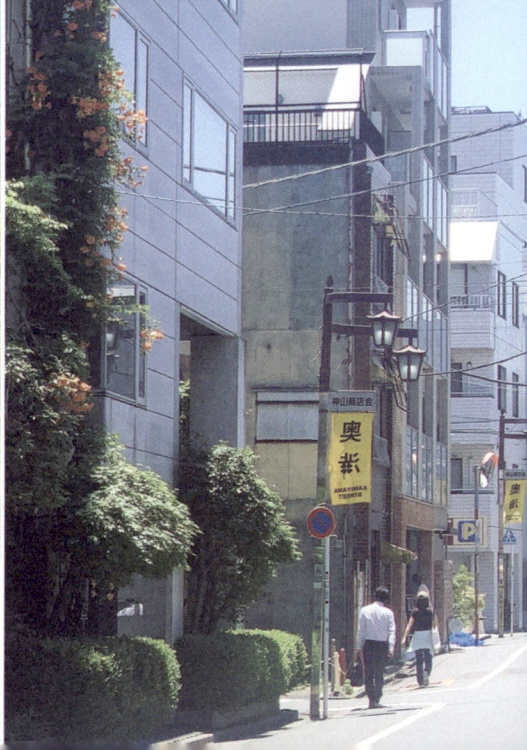

밝힙니다. 도쿄 최대의 녹지공간이라 할 수 있는 요요기 공원에서 열리는 각종 이벤트와 페스티벌도 더해집니다. 덕분에 오쿠 시부야 거리에서 산책을 할 수 있습니다. 생활 동선에 작은 가게들이 생기고, 그 가게들이 주는 매력에 외부에서 새로운 사람들이 이 지역으로 모여드는 것입니다. 물론 이 지역에서 50년 이상 역사를 간직하며 꾸준히 이어져온 가게들도 매력을 더해줍니다.

 지역의 순환이 가능하게 된 지점에 자연의 역할이 있습니다. 산책이 있고, 느긋함이 느껴지는 공간에서 공원의 역할은 빼놓을 수 없는 요소입니다. 가족과 가도, 연인과 가도, 혼자만의 시간을 보내기에도 제격입니다. 여행객 입장에서는 도쿄의 새로운 분위기를 느낄 수 있는 동네라는 인식이 생기면서 꼭 가봐야 하는 곳이 되기도 합니다. 도쿄 사람들에겐 어린 시절에는 시부야 중심가에서 놀고, 어른이 되면 가미야마초 근처에서 살고, 결혼해 가족이 늘어나면 요요기 방면으로 이사한다는 흐름이 있는데, 이는 이 지역이 주는 편안함과 세련된 이미지 때문이라고 합니다. 가미야마초와 요요기 모두 오쿠 시부야 지역에 포함됩니다. 오쿠 시부야를 자립한 어른이 마음껏 시간을 보낼 수 있는 지역이라고 설명하기도 합니다. 하나의 지역이 곧 거대한 바이오필릭 라이프 공간인 셈입니다. 그 안을 채우는 요소들은 각기 사람을 불러 모으고 새로운 관계를 형성하며 그들의 삶 속으로 들어갑니다. 이러한 긍정적 순환이 이루어져 핫플레이스로 자리 잡게 됩니다.

지역의 가치를 만들어가는 공간
요요기 공원&트렁크 호텔

앞에서도 말했듯이 오쿠 시부야 지역의 대표 공간 중 하나가 요요기 공원입니다. 요요기 공원에서 요요기 우에하라로 이어지는 지역은 도쿄의 전통적인 주택들이 있는 곳이면서 동시에 최신 문화를 경험할 수 있는 곳입니다. 미디어, 패션 업계 종사자, IT 종사자들의 거주지로 인기가 점점 높아지고 있습니다.

전통과 새로움이 만나 또 다른 문화가 만들어지는 이 지역의 특성은 과거부터 이어져왔습니다. 1946년에 건설된 미국 공군과 그 가족을 위한 단지 워싱턴 하이츠의 존재를 생각할 수 있습니다. 800채 이상의 주택을 기본으로 학교, 교회, 극장, 병원 등 종합시설이 만들어졌습니다. 도쿄 안의 미국 거리가 생긴 것입니다. 이후 1964년 반환되며 그 자리에 선수촌, 요요기 공원, NHK 방송센터, 국립 요요기 경기장 등이 건설됐습니다. 원래 이곳에 자리 잡은 외국인들과 특유의 분위기에 매력을 느낀 일본인들이 모여 점차 다양한 문화가 섞인 요요기만의 '문화'가 형성되었습니다.

이 시기에 요요기 공원을 도쿄 유일한 삼림 공원으로 개조하는

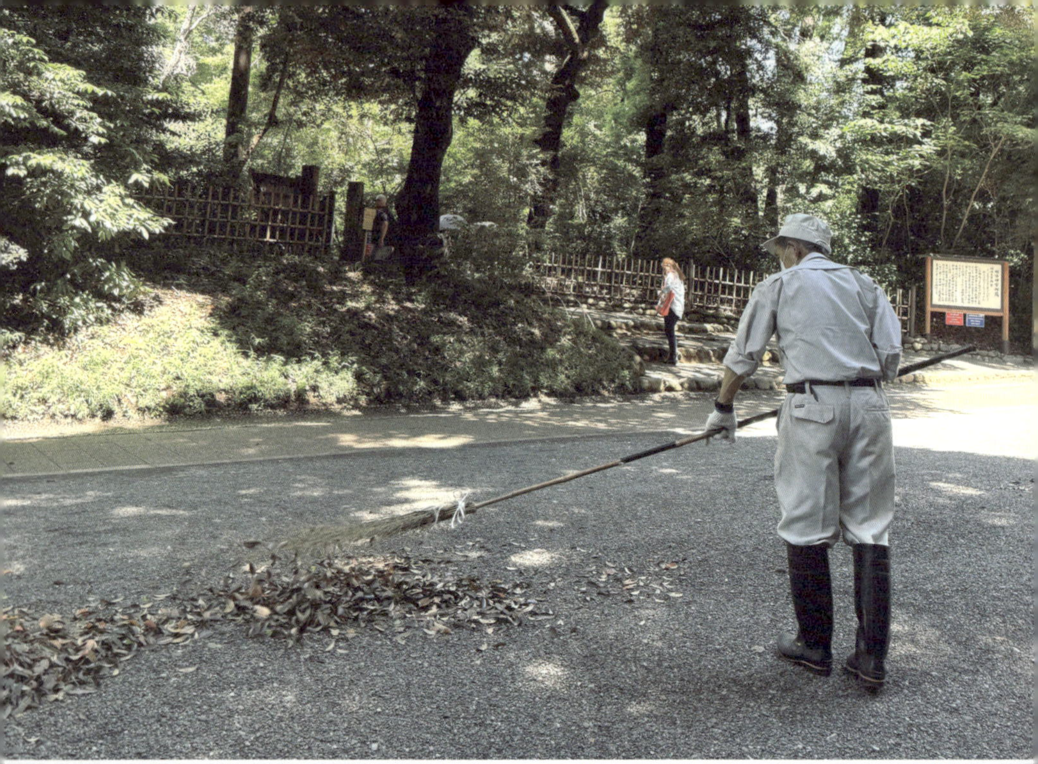

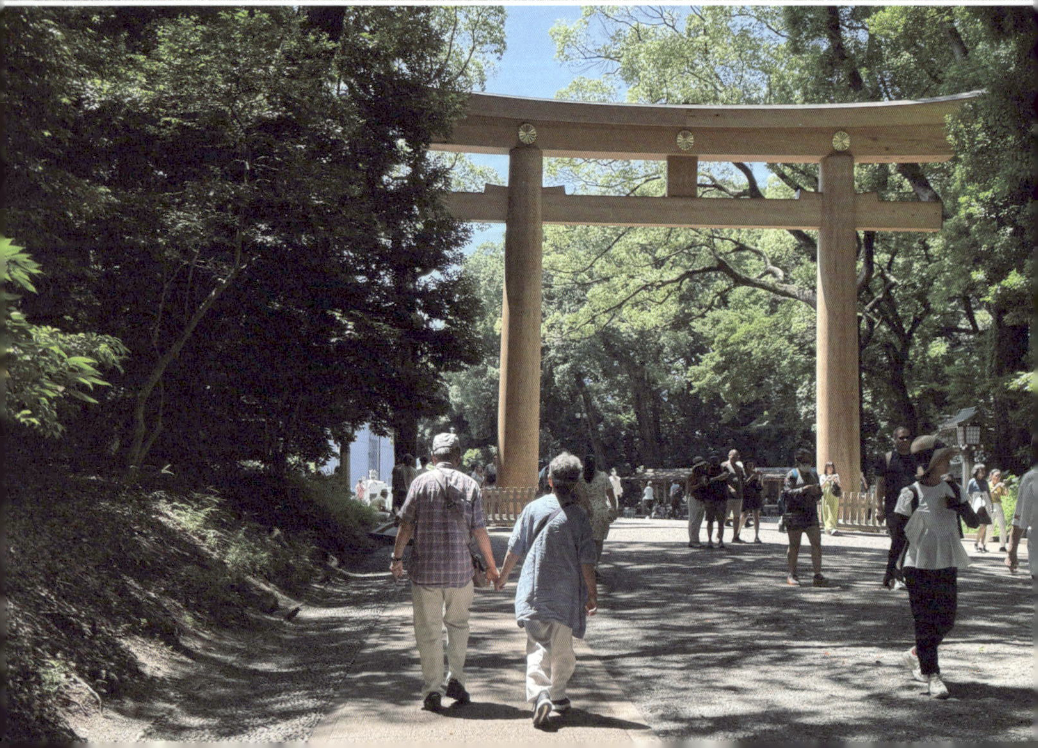

사업이 시작됐습니다. 도심에서 가장 넓은 하늘이 보이는 공원이 컨셉이었습니다. 5년에 걸쳐 재배 운동이 진행되며 밤나무, 느티나무, 단풍나무, 벚꽃, 은행나무 등 다양한 나무를 심었습니다. 도시 속 오아시스로 최대 규모를 자랑하는 만큼 지역별 특징도 두드러집니다. 잔디밭이 펼쳐지는 중앙광장에서는 느긋한 소풍을 즐길 수 있습니다. 100그루 이상의 벚나무가 있는 파노라마 광장 전망 데크에서는 신주쿠의 빌딩숲과 요요기 공원을 한눈에 볼 수 있습니다. 1964년 도쿄 올림픽 당시 각국 선수들이 자기 나라를 대표하는 나무를 심어 세계 각국의 식물을 볼 수 있는 올리브 광장도 인상적입니다.

오쿠 시부야 지역에서 빼놓을 수 없는 또 다른 공간은 트렁크 호텔입니다. 호텔은 단순히 잠을 자는 공간이 아니라 여행지를 대표하고, 여행지에서의 기억을 바꾸는 공간입니다. 특별한 체험이 가능한 곳이기도 합니다. 트렁크 호텔은 이런 여행객들의 라이프 스타일을 충분히 이해하고 도쿄에서 오직 이곳에만 있는 유일무이한 가치를 제공하고자 했습니다. 특히 개개인에게 맞춘 서비스 제공에 주력했습니다.

특히 트렁크 호텔은 '소셜 라이징'을 컨셉으로 했습니다. "무리하지 않고 내가 할 수 있는 만큼 사회적인 목적을 가지고 생활하는 것"을 소셜 라이징이라 정의합니다. 사회를 위하고, 사람을 위하고 싶은 이들에게 자신의 라이프 스타일 속에서 무리 없이 행동

할 수 있는 사례를 늘려가는 솔루션을 제공하겠다는 것입니다. 본질적인 가치를 제공하는 호텔을 만들고자 환경ENVIRONMENT, 로컬 우선주의LOCAL FIRST, 다양성DIVERSITY, 건강HEALTH, 문화CULTURE 라는 5개의 카테고리에 주력합니다. 호텔을 거점으로 새로운 연결과 커뮤니케이션이 이뤄지며 지역 활성화와 사람의 건강한 삶에 기여하는 가치 창조를 우선합니다.

건축과 인테리어에도 도쿄 디자인을 적극 반영했습니다. 도쿄에서 나는 소재를 활용했으며 핸드 크래프트 장인 기술을 활용한 제품으로 꾸몄습니다. 부드러운 촉감을 자랑하는 소재를 최대한 활용했으며, 요요기 공원에서부터 이어지는 자연적 연결이 가능하도록 테라스 레스토랑과 외부 인테리어에 자연적 요소를 극대화했습니다. 이를 통해 현대와 과거의 조화까지도 고려했습니다. 시간의 흐름에 따라 거리에 어우러지며 고유의 아름다움을 구현하려는 시도입니다. 이외에도 액티브 시니어 적극 채용, 성소수자들 중심의 이벤트, 사회 복지 재단과의 컬래버레이션을 추진하며 로컬 중심 운영에 집중합니다.

카페부터 레스토랑까지,
핫한 리테일이 한 지역에 모이다

　　　　오쿠 시부야는 요요기 공원, 트렁크 호텔을 비롯해 특유의 분위기로 크리에이터들 사이에서 인지도를 얻었습니다. 카페나 레스토랑, 개성적인 숍들이 많아 독특한 문화가 있는 지역이라는 평이었습니다. 특히 곳곳에 숨은 카페, 레스토랑, 브랜드숍 등을 방문하는 재미가 큰 지역입니다. 프랑스 레스토랑 '패스PATH'도 빼놓을 수 없습니다. 더치 팬케이크와 크루아상이 유명해 아침이나 브런치를 즐기는 사람들에게 특히 인기가 좋습니다. 주식회사 그리닝GREENING이 새롭게 문을 연 내추럴 와인 중심의 비스트로 '헨더슨Henderson'도 인상적입니다. 누구나 쉽게 즐기는 프랑스의 클래식한 비스트로 음식과 함께 매일 엄선한 10종류의 내추럴 와인을 준비합니다. 와인 메뉴판은 따로 없이 소믈리에가 선정한 그 날의 와인을 선보입니다. 이미 이 지역에서 인기를 얻으며 운영 중인 이탈리안 레스토랑 '차우차우CHOWCHOW', 해산물 비스트로 '페즈PEZ'에 이어 동일한 회사에서 문을 연 세 번째 공간이기도 합니다.

　　　　이곳을 만든 그리닝은 1년 전 '한 잔의 커피로부터 생각하는 마을 만들기'를 키워드로 국내외 문화를 비즈니스화 하는 컬쳐 디자

인 랩CULTURE DESIGN LAB입니다. 음식으로 커뮤니티를 만들고, 마을이 가지는 컬쳐와 커뮤니티를 더해 거리에 새로운 문화를 창조하는 것을 목표로 합니다. 이에 오쿠 시부야 지역에서도 레스토랑을 연이어 열고 그들만의 문화를 만들어갑니다.

노르웨이에서 시작된 브랜드 '푸글렌 도쿄'와 전 스시 장인과 바리스타가 공동으로 운영하며 타마고 샌드로 인기를 얻은 '카멜백', 뉴질랜드의 커피 브랜드 '슈프림 도쿄' 등도 국내외 방문자들에게 사랑을 받고 있습니다. 그중에서도 카멜백은 그룹 토키오의 멤버인 나가세 토모야의 맛집으로 인지도를 얻었습니다. 일본 가수이자 배우이면서 패셔너블한 셀럽으로 큰 인기를 얻은 아티스트입니다. 그 때문인지 카멜백에서는 바이크, 스트리트 문화가 라이프 스타일인 사람들을 자주 만나게 됩니다.

매일 새롭게 만들어 신선한 치즈를 먹을 수 있는 '시부야 치즈 스탠드SHIBUYA CHEESE STAND', 유럽 골동품이나 일본 곳곳에 숨어 있는 잡화를 한곳에 모아둔 셀렉트숍 '피부안pivoine', 호주 본다이 해변을 도쿄로 옮겨놓은 듯 휴양지 컨셉의 인테리어가 인상적인 브런치 카페 '본디 카페 요요기 비치 파크BONDI CAFE YOYOGI BEACH PARK', 전 세계 품질 좋은 카카오 콩을 구입해 직접 초콜릿을 만드는 '미니멀', 자기만의 오리지널 노트를 만들 수 있는 '하이나인 노트HININE NOTE', 나날의 생활을 조금 풍부하게 해주는 것을 컨셉으로 해외 여러 곳에서 모은 잡화를 판매하는 '라운드어바웃Roundabout' 등도 놓치기 아까운 공간들입니다.

자연 중심의 공간을
자산에 구현하다

　　　　오쿠 시부야가 요요기 공원을 중심으로 사람이 모이며 점차 핫플레이스로 자리 잡은 곳이라면, 자연을 활용해 자산을 핫한 공간으로 개발한 사례들도 찾아볼 수 있습니다. 대표적인 공간이 미야시타 파크입니다. 1953년 개설된 미야시타 공원은 1966년 도쿄 최초의 옥상 공원으로 정비된, 시부야 지역에 몇 안 되는 공공녹지 시설이었습니다. 그러나 1990년대 후반부터 노숙자와 가출 청소년이 모여드는 곳이 되었고, 지반이 노후화되면서 지진에 취약해지는 등 여러 문제점이 발생했습니다. 이를 미쓰이부동산이 복합 시설로 개발하게 됩니다.

　　　　건물의 한 면은 시퀀스 미야시타 파크 호텔 로비와 연결되는데, 일본에서 공공시설인 공원과 호텔을 복합한 최초의 사례입니다. 시부야를 즐기는 젠지와 글로벌 워커들을 미야시타 파크로 모이게 만들었습니다. 공원이라는 틀 안에 스케이트 보드장, 볼더링 월, 호텔 라운지와 이어지는 동선, 프래그먼트와 컬래버한 스타벅스 매장 등 사람들이 즐길 수 있는 요소를 채웠습니다. 단순히 앉거나 보기만 하는 공간이 아니라 자연 속에서 스스로 라이프 스타일을 만들어갈 수 있도록 구성한 것입니다. 이를 담당한 조경회사가 세이브조원입니다. 세이브조원은 "초록의 매력을 살려 관련된 모든 사람에게 평온함, 감성, 미소를 전달합니다."라는 슬로건으로 삶과 자연이 함께 활기를 띨 수 있는 조경을 만든다고 소개합니다. 사람에게는 완벽한 만족을, 지역 사회에는 높은 가치를 제공하도록 개발하고 있습니다. 조경 설계뿐 아니라 유지관리, 행정 및 운영까지 조경과 관련된 모든 서비스를 제공합니다.

입체 도시 공원 제도를 시부야구 내에서 처음으로 활용해 미야시타 파크를 더 매력적인 공간으로 만들었습니다. 입체 도시 공원 제도란 다른 시설과 도시공원을 일체적으로 정비해 토지의 유효 활용을 높이고 도시공원의 효율적인 정비를 목적으로 한 제도입니다. 미야시타 파크에서 특히 강조된 부분은 '그린 디벨롭먼트' 입니다. 덩굴 식물이 자라고 있는 구조물, 각 층마다 외부에 설치된 화분, 출입이 자유로운 넓은 잔디밭 등이 개발 단계에서부터 설계되었습니다. 아직 완성된 조경이라고 할 수 없는 모습이지만, 시간의 흐름 속에서 사람과 유기적 관계를 맺으며 자연이 공간에 어우러질 것입니다. 이미 수많은 사람들이 미야시타 파크를 저마다의 스타일로 즐기며 이 과정이 진행되고 있습니다.

미야시타 파크는 상업적인 면에서도 동일한 타깃의 라이프 스타일을 고려했습니다. 브랜드와 리테일 입점이 철저히 타깃 중심으로 이뤄졌습니다. "매일이 축제"라는 컨셉으로 구현된 쇼핑몰 레

이야드 미야시타 파크RAYARD MIYASHITA PARK는 일본의 상가 분위기를 연출하고 실제 느낄 수 있도록 각 지역을 대표하는 음식을 선보이는 19개 점포를 입점시켜 요코초를 만들었습니다. 음식에 엔터테인먼트적인 기능까지 포함해 체험하는 음식 스트리트를 완성한 것입니다. 이 아이디어를 낸 것은 미쓰이부동산의 젊은 직원 하마쿠라입니다. 그녀는 차세대를 연결하는 요코초, 젊은이의 에너지가 넘치는 파워 스폿 등을 키워드로 이곳을 계획했습니다. 전국 생산자와 직접 연결하여 특색 있는 지역 음식을 제공하고, 각 지방에서 개최되는 이벤트도 기획했습니다. 그 결과 테마파크 같은 새로운 세대의 요코초, 엔터테인먼트 커뮤니티로서의 요코초가 완성되었습니다. 체험을 중요시하는 젠지, 일본스러움을 경험하고 싶은 글로벌 워커 모두를 공략하는 아이템입니다.

브랜드 역시 타깃의 라이프 스타일을 고려했습니다. 젠지가 좋아하는 명품 브랜드 루이비통과 구찌, 편집숍 키스Kith가 대표적입니다. 이와 함께 일본 브랜드 90개가 입점해있습니다. 개방형 복합시설이라는 특성에 맞게 테라스형 보행로에는 앉아서 쉴 수 있는 공간과 함께 식물이 자리 잡고 있습니다. 각 층에서 옥상으로 이동할 수 있는 경로도 다양하게 구현되었습니다. 자연스럽게 공원을 즐기면서 식사, 쇼핑, 산책을 할 수 있는 환경입니다. 여기에 폭염이나 폭우 등 급작스러운 날씨 변화에도 바로 대응할 수 있습니다. 내부와 외부 공간이 유기적으로 연결된 현대적 공원을 완성한 것입니다.

지역과의 연결에 집중한 개발, 시모기타 선로 거리

미야시타 파크가 자산을 중심으로 개발되었다면, 시모기타자와는 조금 더 지역 단위의 개발이 이뤄진 곳입니다. 오다큐선 시모기타자와역을 중심으로 세타가야 다이타역에서부터 히가시키타자와역까지 3개의 역이 지하화되면서 새롭게 '시모기타 선로 거리'가 탄생합니다. 시모기타자와 지역을 남북으로 가르던 선로 대신 동네 사람들이 하나로 어우러지는 커뮤니티 공간이 만들어진 것입니다. 동네 주민들과 어우러지는 마을 만들기의 개념이 반영되었습니다. 거리를 채운 공간들 면면에서도 이런 연결점을 알 수 있습니다. 지역 커뮤니티와 연결된 어린이집, 만남의 장을 제공하는 기숙사, 작은 상점들이 모여있는 상가, 온천 료칸과 임대주택, 공터와 호텔까지 주민들이 이용하고 생활에 스며들 수 있는 공간들이 주가 됩니다. 이 부분에서 시모기타 선로 거리의 차별점이 만들어집니다. 산책로가 아니라 라이프의 일부, 지역 커뮤니티의 중심지 역할을 하는 것입니다. 때문에 무언가를 아예 바꿔버리는 것이 아니라 개발을 통해 도시를 지속 지원한다는 개념의 '지원형 개발'의 대표 사례로 회자됩니다.

시모기타자와는 1970년대부터 일본 서브 컬쳐의 중심지였습니다. 수많은 빈티지 매장과 인테리어 숍, 젊은이들이 자유롭게 시간을 보내는 술집까지 작지만 다양한 개성을 한눈에 볼 수 있는 매장들이 거리를 빼곡히 채웁니다. 라이브 하우스, 갤러리, 카페와 바도 많습니다. 덕분에 매일이 활기찬 분위기입니다. 그러나 한편으로 이곳은 주택가들이 이어지는 주거 지역이기도 합니다.

이런 각기 다른 분위기는 철도를 기준으로 구분되었습니다. 시모기타자와역 근처는 상업시설로, 철도를 넘어 위쪽은 주택시설로 나눠졌습니다. 개발하는 과정에서도 지역이 가진 다양성을 최대한 살렸습니다. 지역이 가지는 고유의 개성과 다양성을 존중한 것입니다. 지역에 없는 것을 더하면서도, 있는 것을 정확하게 이해해 깊고 촘촘한 연결이 가능하도록 했습니다. 더 많은 사람들을 연결하기 위해 어떤 것이 필요한지 충분히 고민한 결과입니다.

높은 빌딩보다는 개성적인 컨셉과 디자인, 푸른 식물과 광장, 산책로를 중심으로 한 개발의 영향도 있습니다. 지역과의 소통에 집중한 시설 계획에 따라 시모기타 선로 거리는 13개의 대표적 공간으로 구성되었습니다. 시작은 2개의 정원이 있는 삶을 테마로 한 임대주택입니다. 이어 도쿄 농업대학의 오픈 칼리지 세타가야 다이타 캠퍼스가 있습니다. 매일 아침마다 시장이 열리고, 카페와 레스토랑이 위치하며 지역 커뮤니티의 허브 역할을 합니다. 일상생활의 피로를 풀 수 있는 도심 속 온천 료칸 유엔 벳테이 다이타 Yuen

Bettei Daita, 지역민들을 연결하는 세타가야 다이타 진지 보육원, '살다'와 '배우다'의 개념을 하나로 완성한 거주형 교육 시설 시모기타 칼리지 등도 커뮤니티의 핵심입니다.

시모기타 선로 거리에서 빼놓을 수 없는 대표 공간은 리로드와 머스타드 호텔 시모기타자와입니다. 리로드는 20여 개의 점포가 입점한 상업시설입니다. 외부 방문객과 시모기타자와 지역의 주민들이 어우러질 수 있는 공간이기도 합니다. 리로드라는 이름 역시 이 지역에 뿌리를 내리는 사람이나 가게, 문화를 바탕으로 매번 변화하는 팝업 시설이나 사람들이 모이는 레스토랑, 카페, 요가스튜

디오 등 개성 있는 테넌트들이 어우러지며 새롭게 로딩된다는 의미를 담았습니다. 중간에 자리한 공용 테이블이나 외부로 연결되는 동선 등은 교류를 늘리는 요소입니다.

리로드에 입점할 브랜드를 찾을 때도 기존과 다른 방식으로 접근했습니다. '누가 이 공간을 운영하면 좋을까.'라는 질문이 먼저였습니다. 브랜드가 사람들을 잇고 지역과 연결되는 매개체 역할을 합니다. 바리스타가 개인의 취향에 맞춰 원두를 추천해주는 '오가와 커피 실험실', 유명 스타일리스트가 카페 매장과 패션 매장으로 운영하는 '산조 도쿄', 구찌나 에르메스 등 빈티지 명품을 시즌별로 큐레이션하는 정통 빈티지 숍 '포레스티에' 등이 이런 과정을 거쳐 리로드에 자리 잡았습니다. 매장 운영자가 공간에 늘 있으면서 주인과 고객 사이의 관계가 형성되도록 하자, 자연스럽게 이 지역의 라이프 스타일이 브랜드 운영에도 반영되었습니다.

리로드가 지역과의 연결에 집중했다면, 머스타드 호텔은 외부 유입을 높여주는 시설입니다. 도쿄에 사는 사람들뿐 아니라 외국에서 도쿄를 찾는 이들도 특유의 감성을 느끼고자 이곳을 찾습니다. 신 오호리가 건축한 외관은 정갈하고 현대적입니다. 또한 호텔 앞에 나무 데크를 구성해 누구나 앉아서 쉬고 이곳을 느낄 수 있게 했습니다. 힙스터들이 찾는 카페 '사이드워크 커피'와 잘 어우러집니다. 자연과 사람, 공간이 어우러지며 휴양지 리조트에 온 듯한 느낌을 전달하는 장소가 되었습니다.

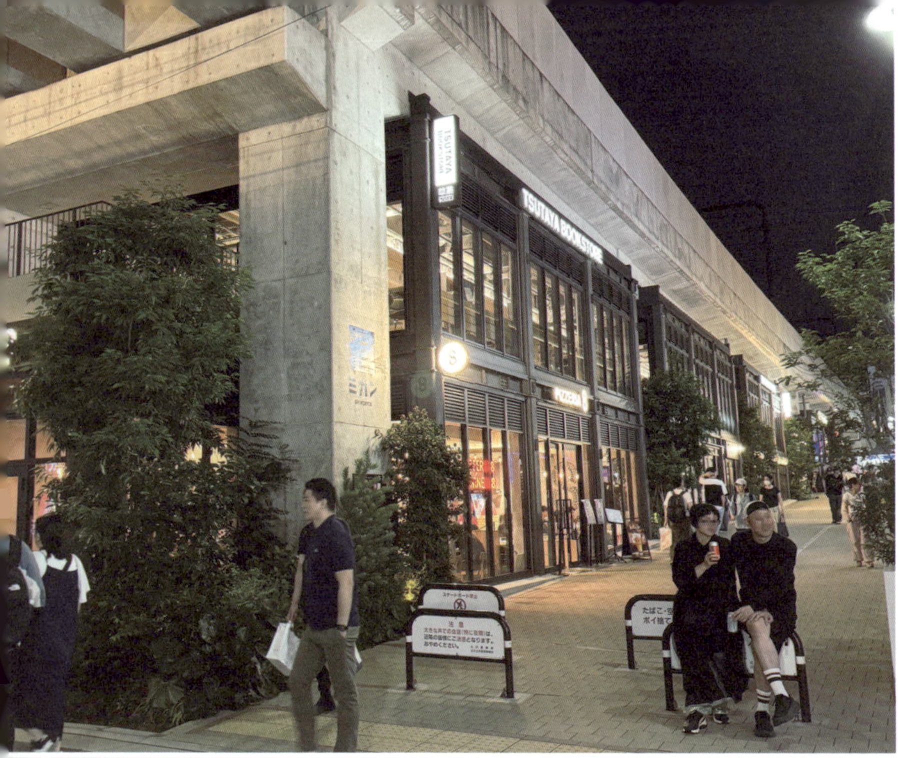
TSUTAYA BOOKSTORE

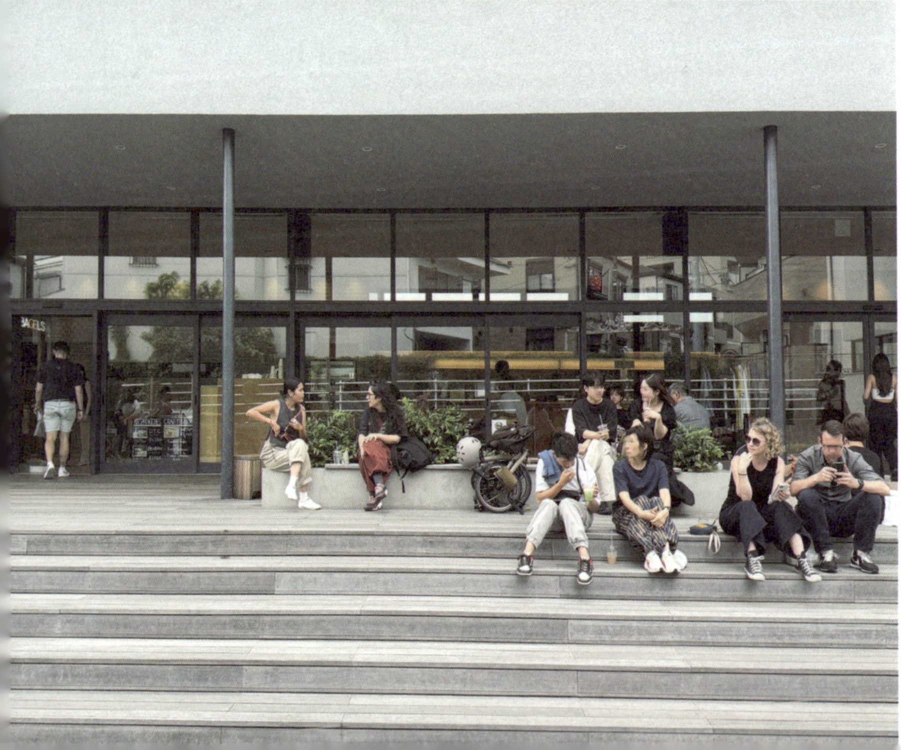
BAGELS

커뮤니티를 완성하는
바이오필릭 라이프

　　　　　이 모든 시설들을 하나로 묶어주는 역할은 자연이 합니다. 개발된 공간이 각자 따로 인식되지 않고 하나의 길로 인식되는 것은 산책로가 있기 때문입니다. 실제 시모기타 선로 거리는 그 자체로 휴양지 리조트 같은 인상입니다. 바쁜 현대사회에서 벗어나 휴식과 쉼을 느끼고 싶은 마음을 충족시켜줍니다. 지역 주민들 역시 녹음이 우거진 산책로 덕분에 아이들이 뛰어놀 수 있는 공간이 늘어났고 생활의 편의성이 좋아졌다고 이야기합니다. 일상과 완전한 분리를 통한 휴식보다는 일상 속에서의 휴식이 가능한 곳으로 자리 잡았습니다. 거리를 중심으로 사람이 모이고 새로운 활동을 하며 더 많은 이들이 찾는 순환이 이뤄지는 것입니다. 시모기타 선로 거리를 찾는 사람들에 의해 새로운 모습으로 발전해나갑니다.

　　그 중심에 바이오필릭 라이프, 자연과 함께 하는 일상이 있습니다. 이런 일상을 지속해나가는 사람들도 존재합니다. 실제 시모기타자와에는 자연, 마을, 사람을 연결하는 커뮤니티 시모기타 원예부가 있습니다. 누구나 녹색과 함께 살 수 있는 거리를 만들기 위해 운영되며, 시모기타 선로 거리의 자연을 돌보는 것이 주요 업무입니다. 일상에서 자연을 통해 기쁨과 성장을 누릴 수 있도록 돕는 역할도 합니다. 이 거리가 추구하는 방향과 동일하게 일상에서 무리 없이, 지속가능한 커뮤니티를 목표로 합니다. 식물을 중심으로 다양한 사람들이 모이고 각기 다른 가치관을 나누며, 자연과 함께 하는 마을을 만들기 위해 노력하는 것입니다. 식물을 좋아한다면 누구나 참여할 수 있습니다.

사람과 조화를 이루기 위해서는 자연도 관리가 필요합니다. 사람의 동선을 방해하지 않으면서 공간과 조화를 이루며 성장할 수 있도록 도와야 합니다. 그렇게 사람의 삶과 조화를 이룬 식물은 사람들의 마음에 여유와 휴식을 제공합니다. 시모기타 원예부는 자연을 관리해 사람과 자연, 거리가 순환할 수 있도록 돕는 역할을 합니다. 시모기타 선로 거리가 완전한 바이오필릭 라이프를 구현할 수 있는 원동력이 되는 커뮤니티이며, 동시에 시모기타자와가 도쿄를 대표하는 핫플레이스로 성장하는 바탕을 만들어왔다고 볼 수 있습니다.

도쿄에서 바이오필릭 라이프 스타일을 자연스럽게 만들어온 지역부터 자산 개발 과정에서 바이오필릭 디자인을 적극 반영해 핫플레이스가 된 공간까지 여러 사례들을 살펴보았습니다. 이 공간들의 공통점은 삶에 자연이 들어오며 더 많은 이들의 관심과 사랑을 받았다는 것입니다. 그만큼 바이오필릭 라이프는 도시에 사는 모두에게 긍정적 역할을 합니다.

동시에 자연을 삶과 가까이 가져오는 것입니다. 자연물이 단순히 생활에 들어온다는 개념보다는 색채, 소재, 소리, 향기, 재료, 맛 등 자연을 통해 경험할 수 있는 모든 감각적 자극도 함께 느끼는 것에 가깝습니다. 인간이 자연에서 느끼는 감정은 단순히 풀과 나무만으로 완성되지 않습니다. 바람에서 느껴지는 촉감, 자연 속 생명체들이 만들어내는 소리, 후각을 자극하는 각종 향 등이 어우러져 자연의 감성을 경험하는 것입니다. 이 부분은 지역, 사회, 도시에서도 중요한 요소입니다. 도시나 지역이 건강하고 기분 좋은 생활이 가능한 공간의 역할을 하기 위해서 필요한 부분이기도 합니다. 그렇기에 도시 개발 과정에서도 바이오필릭 디자인이 고려되어야 하며, 개개인의 라이프 스타일에도 바이오필릭이 균형 있게 반영될 필요가 있습니다.

MINI INTERVIEW

웰니스 라이프 스타일리스트
하야시 마사키

Q1. 자기소개를 부탁드립니다.

도쿄에서 일본 전통 문화를 두루 경험하며 예술문화과를 졸업했습니다. 10년 전부터는 한국에서 일본 문화와 음식에 대한 경험을 제공하는 클래스 <마사키의 건강한 키친>을 운영하고 있습니다. 오르골 테라피스트, 티 어드바이저, 시니어 올리브오일 소믈리에 자격증을 보유하고 있으며, 토닌갤러리에서 이와 관련된 프로그램을 운영 중입니다. 특히 음식을 활용한 건강하고 아름다운 치유(테라피)에 대해 연구하고 있습니다.

Q2. 도쿄의 핫한 공간에 공통적으로 분재가 있었습니다. 이에 분재가 도쿄 바이오필릭 라이프의 트렌드라고 생각했는데, 실제 도쿄에서는 어떤 의미를 가지고 있나요?

분재는 약 1,200년 전 납작한 그릇에 나무를 키우던 중국 문화가 일본에 전해지면서 시작됐습니다. 과거에는 스님이나 신분이 높은 귀족들이 즐겼고, 에도시대에 일반 사람들도 즐기기 시작하며 문화적으로 활성화됐습니다. 살아있는 자연을 일상에 들인 것이기에 완성이 없고 계속 새로움을 제공하는 예술품에 가깝습니다. 매일 관심을 주고 관리하면서, 변화되는 아름다움을 느낄 수 있는 작품인 셈입니다. 근래에 모던한 카페와 레스토랑에서 인테리어로 활용하는 사례들이 늘어나면서 젊은 층에도 분재 문화가 퍼지기 시작했습니다. 분재는 매일 변화하는 예술작품이기 때문에 인테리어 효과 면에서도 좋습니다. 이런 경험들이 조금씩 쌓여 하나의 새로운 트렌드가 되었습니다.

Q3. 자연을 일상에 포함시키는 도쿄 사람들의 라이프 스타일에는 또 어떤 것들이 있을까요?

일본의 문화에는 자연과의 교감을 중요시하는 요소들이 많습니다. 취미로 즐기는 향도와 다도 같은 문화도 계절이 굉장히 중요하고 자연물과의 교감이 중요합니다. 자연과 일상의 만남에 가깝습니다. 제철 꽃을 마당에 심거나 제철 식재료로 음식을 하는 것도 일상에서 자연을 즐기는 방법이라고 생각합니다. 결국 먹고, 보고, 느끼고, 즐기는 모든 부분에서 자연과 교감하는 셈입니다. 거창하지 않아도 충분히 가능하다고 생각합니다.

Q4. 어떤 웰니스 라이프를 즐기고 있는지 소개해주세요.

저에게 가장 중요한 것은 먹는 것과 나만의 시간입니다. 그래서 제가 운영하는 쿠킹 클래스에서는 꼭 그 계절의 재료를 이용해 음식을 만듭니다. 맛으로 계절을 즐기는 것입니다. 20년간 꾸준히 다도와 향도를 하는 것은 나만의 시간을 갖기 위해서입니다. 나를 바라보고 나와 대화하는 휴식 시간을 만드는 것입니다.

Q5. 다도, 향도 등의 취미생활로 자연과 교감하는 방식에 대해 조금 더 설명해주세요.

다도는 차를, 향도는 향을 즐기는 문화입니다. 둘 다 자연물이 기본입니다. 한 잔의 맛있는 차를 마시기 위해서는 제철 음식, 음식과 어우러지는 그릇, 다과, 계절의 꽃, 식물 등이 필요합니다. 향도는 향나무가 오랜 시간 자연 속에서 변화하면서 우연하게 만들어지는 침향을 사용해 향을 즐기는 일본 문화의 하나입니다. 결과적으로 자연이 일상이 되고, 그 과정에서 자신을 위한 시간을 즐기는 것입니다. 자신과 자연스러운 관계가 되는 방법이기도 합니다.

Q6. 바이오필릭 라이프, 웰니스 라이프를 선호하는 사람들이 가보면 좋을 도쿄의 장소가 있을까요?

저는 새로운 곳보다 마음에 드는 곳을 꾸준히 가는 편이며, 마음이 편해지는 곳 위주로 찾습니다. 이런 관점에서 네즈미술관을 추천합니다. 자연 속에서 예술을 만끽할 수 있다는 표현이 어울리는 곳입니다.

일본 특유의 정원문화를 느낄 수 있는 공간에서 천천히 음식을 즐기는 가이세키 레스토랑 야쿠모 사료도 가볼 만합니다. 음식 중간에 나오는 티를 통해 일본 티문화까지 함께 경험할 수 있고, 음식을 먹으면서 오감을 충족하는 경험이 가능한 곳입니다.

롯폰기힐스 2층에 있는 사료 미야사카도 제철 재료를 활용한 가이세키 요리를 맛볼 수 있는 곳입니다. 계절에 맞춰 음식과 이를 꾸미는 요소들이 구성되는데, 입으로 느끼는 맛뿐 아니라 눈으로 보는 맛까지 느낄 수 있습니다.

오모테산도에 있는 40년 된 목조 건물을 오가닉 슈퍼로 바꿔 운영 중인 15e-organic도 식재료에 관심이 있다면 가볼 만한 곳입니다. 도쿄의 오가닉 라이프를 간접 체험할 수 있는 공간입니다.

세타가야구
map

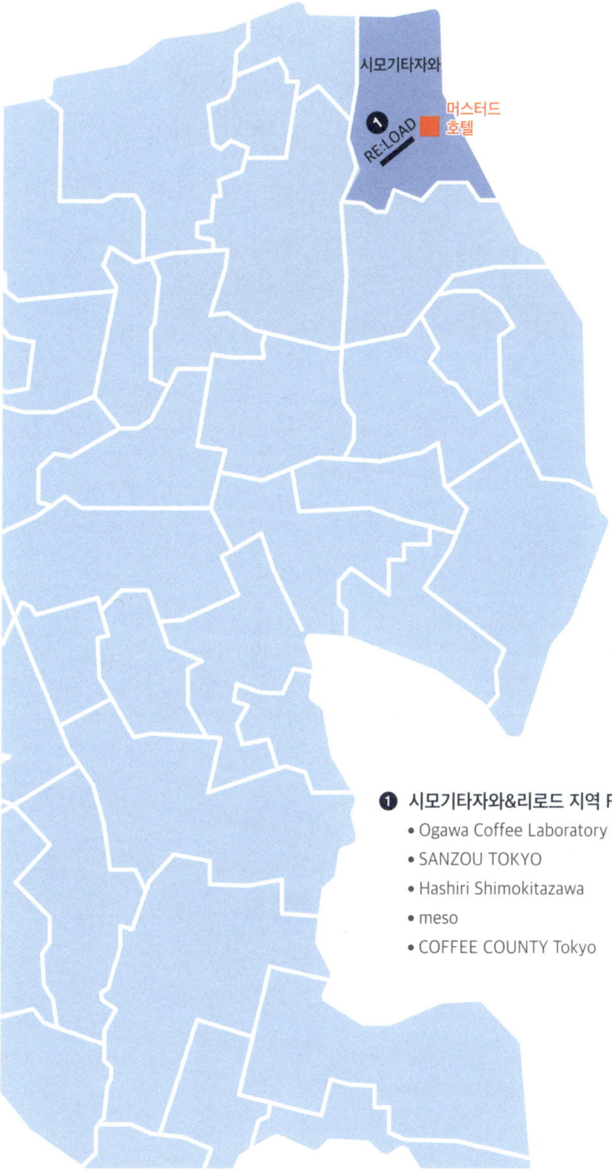

■ 건축물
● 지역

시모기타자와
머스터드 호텔
① RE:LOAD

① 시모기타자와&리로드 지역 F&B와 리테일
- Ogawa Coffee Laboratory Shimokitazawa
- SANZOU TOKYO
- Hashiri Shimokitazawa
- meso
- COFFEE COUNTY Tokyo

'힙'하다는 도쿄 공간에는 이것이 있다!

PART 8

WORK PLAYGROUND

먹고 노는 공간은 지속성이 가장 중요한 요소입니다. 삶의 질을 높이는 환경인 동시에 건물이나 동네, 자산에 계속해서 발걸음을 하는 이유가 됩니다. 상호관계가 가장 빈번하게 발생하는 요인이기도 합니다. 도쿄에서는 어른들을 불러 모을 수 있는 '놀일터'를 어떻게 구현해가는지 살펴보겠습니다.

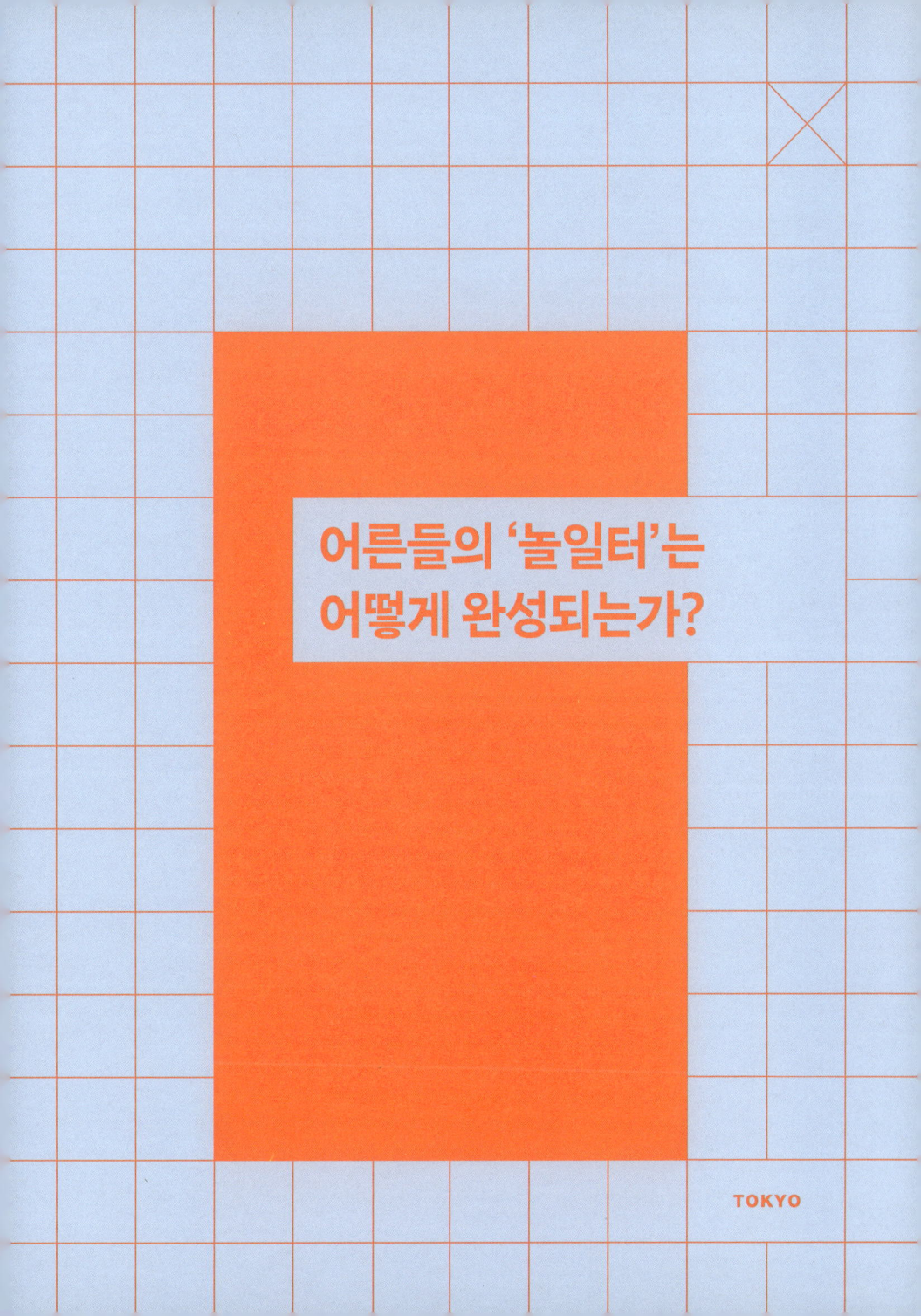

어른들의 '놀일터'는
어떻게 완성되는가?

TOKYO

사람들이 살고 싶은 곳에는 몇 가지 특징이 있습니다.

하나는 교통 편리성입니다.

앞서 소개했던 것처럼 근처로의 산책이 가능한 자연 접근성도 중요합니다.

다음은 먹고 놀 수 있는 곳의 유무입니다.

대부분의 사람들은 맛있는 음식이 있고, 문화생활을 할 수 있으며,

주요 시설과 거리가 가까운 곳에 살고 싶어 합니다.

이에 도시 개발의 방향 역시

사람들의 바람을 실현하려는 모습입니다.

도쿄의 힐스 시리즈, 미드타운 시리즈, 미야시타 파크 등

복합개발 자산들 역시 동일한 기준이 반영되었습니다.

'동네 만들기'라는 컨셉 역시 사람들이

먹고, 놀고, 쉬고, 일할 수 있는 공간 구현을 의미합니다.

도시가 가져야 할
역할과 모습

도쿄의 복합개발이 직주락을 한곳에서 할 수 있는 공간 만들기였다면, 글로벌로는 '15분 도시'라는 개념이 있습니다. 파리에서 '도시 생활 방식과 사용 방식'에 집중해 등장한 개념이 15분 도시입니다. 2020년 안 이달고 파리 시장이 공약으로 15분 도시 정책을 발표하고, 앞으로 '초근접성'에 대해 중요하게 다루겠다고 전하며 주목받기 시작했습니다. 파리 11대학 도시 설계학 교수 카를로스 모레노가 발표한 도시 이론을 활용한 것으로, 여기서 15분 도시란 도보나 자전거를 이용해 15분 이내에 필요한 모든 시설을 이용할 수 있도록 인프라를 재편성한 도시를 의미합니다. 파리뿐 아니라 호주 멜버른, 미국 포틀랜드와 디트로이트, 스페인 바르셀로나 등도 동일한 혹은 비슷한 개념의 도시를 조성하고 있습니다.

15분 도시는 글로벌 도시 트렌드의 하나로 자리 잡고 있는 이론입니다. 카를로스 모레노 교수는 인터뷰를 통해 "지역에 대한 이해를 바탕으로 서비스 근접성, 탄소 중립, 삶의 질을 높이는 환경, 이웃과의 사회적 연결성 등을 고려해 각 도시가 처한 맥락에 맞춰 사람과 자연환경이 중심이 될 수 있게 구성하는 것이 핵심"이라고 밝했습니다. 이는 도쿄의 도시 개발 과정의 컨셉으로 이해했던 직주락, 바이오필릭 등과 이어집니다. 그만큼 앞으로의 도시가 가져야 할 역할과 모습에 대해 세계적으로 비슷한 이해를 하고 있다는 의미이기도 할 것입니다.

그중에서 일하고 노는 공간 '놀일터'에 대해 조금 더 집중해보려고 합니다. 먹고 노는 공간에서는 지속성이 가장 중요한 요소입니다. 삶의 질을 높이는 환경인 동시에 건물이나 동네, 자산에 계속해서 발걸음을 하는 이유가 됩니다. 상호관계가 가장 빈번하게 발생하는 요인이라고 할 수도 있습니다. 이처럼 사는 사람과 일하는 사람 모두에게 중요한 공간은 어떤 변화를 보여주고 있는지, 도쿄에서는 어른들을 불러 모을 수 있는 '놀일터'를 어떻게 구현해가는지 살펴보겠습니다.

서로에게 말을 거는 장소
요코초

소규모 음식점이 처마를 잇는 요코초는 골목 단위로 개발해 하나의 특색 있는 거리를 완성하는 형태입니다. 요코초는 일본 특유의 작은 술집들이 붙어있고 그 안에서 처음 보는 사람끼리도 잔을 부딪치던 심야 먹자골목입니다. 이런 요코초가 새로운 사람, 자본, 공간과 만나면서 현대적으로 해석되고 변화를 보이고 있습니다. 특히 도쿄에서는 에비스 요코초의 인기가 높습니다. 미야시타 파크의 요코초를 개발한 것도 에비스 요코초를 즐기고 그 문화를 경험했던 기억을 바탕으로 아이디어를 떠올려 계획한 것이었습니다. 그만큼 에비스 요코초의 영향력이 높은 셈입니다.

에비스 요코초는 재개발 과정에서 소외된 야마시타 쇼핑센터 자리에 2008년 문을 열었습니다. 대부분의 상점은 문을 닫았고 생선가게 한 곳만이 장사를 하고 있었습니다. 우연히 이 생선가게를 찾았던 하마쿠라는 "생선가게 아저씨의 옛날 이야기를 듣고 있으면 아직 번성할 수 있는 여지가 있을 것 같았다."라는 느낌을 받았습니다. 이에 공간을 구상하기 시작합니다. 하마쿠라는 교토에서 레스토랑 프로듀서로 일을 시작했습니다. 그러나 처음으로 운영했던 가게가 경제 위기를 견디지 못하고 문을 닫자, 그는 오사카의 대기업 도시락 프랜차이즈 슈퍼바이저로 자리를 옮깁니다. 이어 몇 개의 회사를 거친 후 창작 요리나 다이닝, 고급 야키토리 등 음식점을 운영해왔습니다. 도쿄로 업무 거점도 옮겼지만 음식점을 운영할수록 "성공한 것처럼 보이는 가게들, 유행이나 트렌드를 쫓아 만든 가게들도 1, 2년이 지나면 운영에 어려움을 겪는다. 결국 업태를 바꾸거나 다른 가게와 합쳐지는 등 변화가 생기는 구조다."라고 생각하며 본인의 일에 회의감을 많이 느끼고 있었습니다. 이 시기에 우연히 만난 공간이 대부분 문을 닫은 에비스의 옛날 상점가, 그 안에 있는 생선가게 아저씨였습니다.

그는 생선가게를 지속하는 것은 의미가 없다고 생각했습니다. 그러나 생선가게 아저씨가 계속 있을 수 있는 공간, 그가 함께 할 수 있는 공간은 유지하고 싶었습니다. 이런 생각으로 탄생한 것이 '하마야키 술집'입니다. "쇠퇴한 장소를 떠나지 못하는 생선가게 아저씨와 그의 딸이 운영하는 하마야키야"가 컨셉이었습니다. 해산물 전문점이라는 컨셉과 함께 과거 생선가게였던 아이덴티티를 살리기 위해 생선을 넣어 운반하던 상자와 술병을 넣던 플라스틱 케이스를 테이블과 의자로 활용했습니다. 운영하는 사람의 개성이 충분히 반영된 공간이 완성됐고, 유사한 컨셉의 음식점들이 생길 정도로 인기를 얻었습니다. 그리고 이 공간은 에비스 요코초의 시작이 되었습니다.

하마쿠라는 본격적으로 에비스 요코초를 개발하기 시작합니다. 워낙 작은 공간이 이어져있고, 각기 다른 이들이 권리를 가지고 있다는 현실적인 어려움을 아이디어의 원천으로 바꿉니다. '구획을 바꿀 수 없다.'는 점을 기본으로 해 1평부터 6평까지 다양한 구획 그대로 개인이나 작은 브랜드의 점포를 모았습니다. 서로 다른 업종의 가게들을 이웃하게 해 오히려 개성 강한 요코초를 완성했습니다.

이미 맛있다고 평판이 높은 곳 또는 지방의 유명 가게를 입점시키기보다 개개인이 만든 브랜드를 하나씩 찾아 입점시켰습니다. 가게를 운영하는 이들의 다양성이 공간의 개성을 높여주었고, 이에 매력을 느끼는 이들이 찾아올 거라 생각한 것입니다. 특정 그룹만 오는 곳이 아니라 젊은이부터 아저씨까지, 혼술을 하고 싶은 사람에서 연인까지, 도쿄인부터 관광객까지 다양한 사람들이 다시 모이는 공간으로 만들고자 했습니다. 그의 바람대로 실제 에비스 요코초는 다양한 방문객들이 모이고, 서로 소통하는 만남의 장소가 되었습니다. 사람이 있는 공간, 사람이 완성하는 공간이 된 것입니다. 현대 도시에서 누군가와 친밀해지는 일은 쉽지 않습니다. 특히 낯선 사람들과 이야기를 나누는 건 더욱 어려운 일입니다. 그러나 요코초에서는 자연스럽게 사람을 만나고, 친근해지는 것이 가능합니다. 이런 점이 이 공간의 매력이 되어 사람들을 꾸준히 불러 모으는 것입니다.

미야시타 파크에 구현된
'하마쿠라 스타일'의 요코초

  2014년 미쓰이부동산 내부에서는 개발 중인 미야시타 파크에 하마쿠라 스타일의 요코초를 구현하자는 아이디어가 나옵니다. 에비스 요코초를 즐기던 직원의 의견이었습니다. 이 직원에게는 에비스 요코초가 전통적인 공간이기보다 젊은이들의 에너지가 넘치는 공간으로 인식되었습니다. 이에 미야시타공원 재개발 프로젝트 멤버가 되었을 때 '새로운 상업시설에 요코초가 있으면 즐겁다.'라는 생각으로 하마쿠라에게 작업 문의를 하게 됩니다. '레이야드 미야시타 파크RAYARD MIYASHITA PARK'는 미쓰이부동산의 새로운 상업시설 브랜드의 첫 공간이었습니다.

  문의를 받은 하마쿠라는 이 공간에 요코초가 포함된다면, 새로운 형태의 시설이 될 것이라 생각했습니다. 그러나 에비스 요코초처럼 다양한 음식을 즐길 수 있는 공간으로만 구성하면 기존 상업시설에서 음식점을 모아놓은 곳과 차별화가 어렵다고 생각해 지역에 맞는 변주를 진행합니다. 젊은이에게 에너지를 주는 공간이라는 이미지를 강화했습니다. 그들이 호기심을 일으킬 수 있는 일본 각지의 대표 음식을 한곳에 모았습니다. 여기에 타깃에 맞춰 이벤트와 행사 등 엔터테인먼트적인 요소도 추가해 결과적으로 '테마파크와 같은 요코초'가 완성됐습니다.

여기서 주목할 또 하나는 운영적 측면입니다. 컨셉을 일관되게 운영하기 위해 하마쿠라가 프로듀스하는 것과 함께 전체 매장을 직영으로 관리하게 되었습니다. 단일 가게들이 아닌, 요코초라는 형태가 하나의 브랜드로 완성되는 프로젝트의 시작이었습니다. 하마쿠라의 회사 홈페이지에 소개된 "3평의 요코초 술집에서 $1000m^2$를 넘는 상업 존까지 시대, 세대, 마켓의 잠재적 요구를 포착한 에너지와 웃음이 피어나는 커뮤니티"를 현실화한 것입니다. 이를 계기로 도심에 '하마쿠라 스타일'의 요코초가 연이어 생겨났습니다. 자본과의 결합을 통해 개인의 개성을 살리면서, 지역과 공간의 특징도 함께 살린 브랜드로서 '하마쿠라 요코초'가 완성된 것입니다.

단일 프로젝트가 아니라 컨셉과 특징을 가진 브랜드로 성장하며 하마쿠라 스타일의 요코초는 여러 영역에서 활용됩니다. 그중에서도 인상적인 것은 오피스와의 연결 부분입니다. '오래되고 새로운' 요코초에 매력을 느낀 사람 중에 루이비통과 컬래버레이션을 진행하고, 2024년에는 뉴진스와 컬래버를 진행하기도 한 세계적인 현대미술가 무라카미 타카시도 있었습니다. 그는 에비스 요초코를 하루도 빠지지 않고 30일간 방문할 정도로 애정을 보였습니다. 2016년 모리 미술관에서 14년 만에 열린 개인전 〈무라카미 다카시 오백라한도 전〉 애프터 파티도 에비스 요코초를 모두 빌려 진행했습니다. 이어 본인의 사무실 인테리어를 하마쿠라에게 의뢰합니다. 하마쿠라는 사무실을 마치 요코초에 있을 것 같은 매장처럼 만들었습니다. 그렇게 현대미술가 무라카미 타카시가 이끄는 회사 카이카이키키의 오피스 '오피스 진가로 요코초Office Zingaro Yokocho'가 완성됐습니다. 이자카야로 착각해 문을 열 수 있을 정도로 요코초 스타일을 완벽하게 구현한 외관을 자랑합니다. 맥주나 안주는 없고 회의실이 있는 작은 가게에 가깝습니다.

이처럼 요코초라는 개념을 변주하면서 하마쿠라는 브랜드 운영을 지속합니다. 개인적인 프로듀싱 외에도 자본과의 협업을 통해 프라임 오피스에 브랜드를 입점하고, 운영 관리까지 진행했습니다. 신바시 가드 시모요코초, 유라쿠초산 나오요코초 등에 매장을 다수 운영하기도 하고, 3층짜리 건물 하나에 4개 내외의 브랜드를 입점시키는 새로운 형태의 '세로초'도 기획했습니다. 신주쿠 히가시구치역 앞 약 $900m^2$ 공간에 17개 점포를 모아놓은 공간, 도쿄 최대 엔터테인먼트 빌딩인 도큐 가부키초 타워에서 전통문화인 요코초와 디지털 문화를 결합한 엔터테인먼트 푸드홀 등 여러 형태로 요코초 컨셉의 브랜딩에 집중하고 있습니다.

자연스럽게 완성된
공간의 커뮤니티화

요코초 컨셉은 다양하게 변화하고 발전합니다. 힐스 시리즈와 이어지며 에리어 매니지먼트 영역까지 확장됐습니다. 힐스에서 개발한 도라노몬힐스에는 요코초 컨셉을 구현한 '고토라코미치'가 만들어졌습니다. 오키나와, 교토, 가고시마 등 일본 각지 특선 먹거리들과 글로벌 브랜드들이 입점했습니다. 다채로운 음식과 술을 함께 즐기는 어른들의 놀이터가 만들어진 것입니다. 일본 축제를 컨셉으로 한 다채로운 인테리어도 인상적입니다. 일본 선술집이 가지고 있는 소박하지만 활기 넘치는 모습을 현대적으로 풀어냈습니다.

'토나리노히토니 레몬사와(옆 사람에게 레몬사와를)', '민나데간빠이 샴팡(모두 함께 샴페인 건배)', '잇쇼니시샤(함께 하는 시샤)'를 공통 메뉴로 제공해 모든 상점에서 사람간의 소통이 이뤄질 계기를 만들었습니다. 유명하고 화제성을 가진 매장과 함께 도쿄에 첫 출점하거나 새롭게 문을 연 가게들도 입점시켜 개성을 강화했습니다. 단순히 F&B를 모아놓은 것이 아니라 전통적으로 가치를 가진 음식이 모이는 공간으로 구성하기 위해 요코초 컨셉을 살린 것입니다.

동시에 도라노몬힐스에서 일하는 직장인들을 위해 런치도 운영합니다. 동일한 공간에서 낮과 밤의 다른 문화를 느낄 수 있다는 점이 또 다른 재미입니다. 요코초 컨셉을 활용하며 '자연스럽게 만들어지는 커뮤니티' 기능까지 얻었습니다. 손님이 가게 셰프와 이야기를 나누고, 종업원과 친밀해지고, 손님을 통해 가게들끼리도 소통하며, 같은 건물에서 일하는 사람들 사이에 접점이 생깁니다. 마치 놀이터에서 만나 함께 놀고 또 만나자고 인사를 나누며 헤어지듯, 함께 시간을 보내고 이 공간에서 다시 만나길 기대하며 헤어지는 연결점이 생긴 것입니다. 요코초가 어른들의 놀이터가 된 이유이기도 합니다.

또 다른 변주
노렌가이 스타일

　　도쿄에서는 요코초 외에도 어른들의 놀이터를 표방하고 변주된 공간들이 속속 등장하고 있습니다. 그중 요코초와는 또 다른 느낌으로 전통미를 살린 곳이 노렌가이 스타일입니다. 대표적으로 도쿄에서 새롭게 재개발이 진행되는 지역 중 한 곳인 JR 야마테선 오츠카역 주변을 생각할 수 있습니다. 여기에 '도쿄 오츠카 노렌가이'가 자리 잡았습니다. 민가 10채를 과거 모습 그대로 유지하며 리노베이션 해 옛 일본 문화를 간직한 골목 분위기를 연출했습니다. 그 시절을 경험한 이들에게는 그리움을, 요즘 젊은이들에게는 새로움을 제공하며 도쿄의 밤을 즐길 수 있는 새로운 명소로 떠오르게 됩니다. 야간 조명이 켜지고 건물들이 빛을 내기 시작하면 한 순간 과거 도쿄의 어느 골목으로 변신합니다.

　　이곳에 문을 연 점포들도 굉장히 다양합니다. 꼬치구이, 해산물, 장어구이, 돼지고기 등 옛 민가에 어울리는 전통적인 음식점들부터 와인바나 딤섬 전문점처럼 이색적인 조화를 찾을 수 있는 공간들이 어우러졌습니다. 요코초가 골목에 작은 매장들이 붙어있는 공간이라면 노렌가이는 특징을 가진 각각의 건물을 중심으로 넓은 공간이 완성되는 것에 가깝습니다.

오츠카 지역은 주식회사 굿 마켓 앤드 숍Good market & shops이 주체가 된 도시 조성 프로젝트 'ba project'가 프로듀스를 했습니다. 이들은 2018년 오츠카역 북쪽 출구 재개발 프로젝트의 일환으로 문을 연 호시노 리조트의 관광객용 호텔 '호시노 리조트 OMO5 도쿄 오츠카' 개발도 함께 했습니다. 이 밖에도 쇼와시대의 분위기를 내며 4개 매장이 연결된 히메지의 새로운 명소 '히메지 노렌 거리', 신주쿠에 자리 잡은 '가부키초 레드 렌렌 거리', 현실에 없는 공간의 느낌을 더 강하게 연출하면서 동시에 멋과 세련미를 담은 '신주쿠의 렌가' 등이 굿 마켓 앤드 숍이 운영하는 공간들입니다.

이들이 주목한 부분은 "모두가 지나가버리는 보통의 건물이 가진 장점을 최대한 살려 옛 거리의 풍경을 남긴다."였습니다. 입점 브랜드를 선정할 때의 포인트도 '업태가 특징적이고 재미있을 것', '운영 능력이 높을 것', '고객과의 거리감이 가까울 것'입니다. 사람을 모아야 하는 공간은 활기차고 자연스러운 분위기가 꼭 필요하고, 그 분위기는 친근함에서 나온다고 생각해 기준을 만들었습니다. 또한 운영 능력에 집중했기 때문에 자체적으로 자생할 수 있는 브랜드들을 모을 수 있었습니다. 문을 연 지 시간이 꽤 지났음에도 신주쿠 렌가나 오츠카 노렌가이가 지속될 수 있는 원동력입니다.

지역과 기업의 연결을 통해 새로운 공간을 창출하고, 이 과정에서 자본이 함께 어우러지며 또 다른 비즈니스가 이어지는 구조를 만들었습니다. 호시노 리조트가 자신들의 세컨 브랜드 호텔을 오츠카에 만들고 그 주변으로 사람들이 놀 수 있는 공간을 구성해간 것이 대표적인 사례입니다. 이렇게 구성된 공간에 입점하는 개별 매장 역시 개인 점포를 넘어 브랜드로 성장할 수 있는 기회가 생깁니다. 운영 능력을 가지고 있는 곳들이 한곳에 모이며 더 많은 사람을 끌어당기는 힘을 얻고, 자본과의 긍정적 상생을 통해 비즈니스 역시 지속성을 가지게 되는 것입니다. 하나의 브랜드로서 가치를 키우는 방법입니다.

새로운 개념의 놀일터
도쿄 미드타운 야에스
&도라노몬힐스 T-MARKET

도쿄 미드타운 야에스 2층에는 '야에스 퍼블릭'이 자리합니다. 요코초 컨셉을 기본으로 휴식과 만남의 공간이라는 특징을 더욱 살렸습니다. 도쿄 미드타운 야에스에서 일하는 글로벌 플레이어들에 맞춰 앉아서 먹는 식당이 아닌 전 식당을 스탠드바 형식으로 구성했습니다. 250평 공간에 만남의 광장이자 휴식 공간, 서서 마시는 장소를 동시에 완성한 것입니다. 홈페이지에서는 이 공간을 "한 사람 한 사람이 그 자리에 있는 것만으로 마음껏 보낼 수 있는 퍼블릭 스페이스"라고 소개합니다. 그만큼 누구나 찾을 수 있고 누구나 즐거울 수 있는 공간을 건물 안에 만들고자 했습니다.

공간을 나눈 이름도 성격을 고스란히 보여줍니다. 야에스 퍼블릭 입구에는 '야에스의 로지우라(뒷골목)'라는 이름을 붙였습니다. 도쿄 뒷골목의 느낌을 건물 안에 구현했다는 의미를 담았습니다. 앉아서 휴식을 취할 수 있는 공간도 별도로 만들어두었습니다. 나무로 만들어진 버스 정류장 같은 느낌입니다. 개인적인 특징이 살아있는 브랜드들이 입점해있습니다. 오사카에서 많은 직장인의 사랑을 받은 휴식의 술집 '금사자'의 도쿄 첫 매장, 메뉴 없이 와인과

요리를 즐길 수 있어 높은 인기를 얻은 '리 카리카'의 첫 상업시설 입점 매장, 오쿠 시부야에서 인기를 얻은 카페 '카멜백' 등이 눈길을 끕니다. 대만 음식, 크래프트 맥주 전문점, 스탠드바 등 글로벌 무드의 공간들도 함께 구성되었습니다. 일본 빙수협의회에서 선정한 빙수 맛집 콜렉션, 도쿄 전역의 라면 맛집이 릴레이로 문을 여는 콜렉션도 운영합니다. 팝업을 운영할 수 있는 공간도 별도로 구성해 야에스다운 개성과 문화를 담은 가게를 한정적으로 경험할 수 있게 했습니다. 매일 찾아도 지루하지 않도록 운영의 지속성 면에도 신경 쓴 기획 공간입니다. 모든 음식은 모바일로 주문이 가능해 이용자들의 편의성도 높였습니다.

야에스 퍼블릭은 야에스만의 특징을 살린 곳입니다. 도쿄 최초의 터치리스 오피스, 미래세대를 육성하는 거점지역 역할, 스타트업과 크리에이터 등 다양한 이들이 일하는 오피스, 교통 중심지역이라는 자산이 가진 특징을 살려 누구나 쉽게 찾아 즐길 수 있는 공간 컨셉과 운영 방식을 활용했습니다. 젊은 세대가 좋아할 브랜드를 입점시키고 동시에 글로벌 워커들의 만족감도 높일 수 있도록 다양성을 살려 매장을 구성했습니다. 일본의 문화적 특색을 살리는 동시에 이용자들의 만족감까지 높일 수 있는 리테일 구성입니다. 프라임 자산 내 컨셉 있는 공간 구현으로 자산의 특색을 살린 기획과 운영이 돋보입니다. 다른 미드타운 시리즈와 차별화되는 지점이기도 합니다.

힐스 시리즈는 미드타운과 또 다른 개념으로 놀일터를 확장했습니다. 비즈니스의 중심지 도라노몬힐스는 일과 삶을 지원하는 리테일에 집중했습니다. 사람 간의 자연스러운 연결이 가능하면서 일본 문화까지 느낄 수 있는 요코초가 구현되었습니다. 이를 통해 커뮤니티에 중점을 두었음을 한 번 더 느낄 수 있는 부분입니다. 다만 힐스는 글로벌 플레이어들을 위해 다른 개념의 공간도 함께 구성했습니다. 바로 지하에 자리 잡은 티-마켓T-MARKET입니다. 이곳은 새로운 음식 문화를 만드는 도시 마켓을 컨셉으로 합니다. 음식을 중심으로 디자인, 아트, 음악이 융합된 공간으로 독특한 체험을 제공합니다. 27개 매장이 유기적으로 연결되며 음식을 중심으로 일종의 커뮤니티를 만들어가고 있습니다. 도라노몬힐스에서 함께 먹고 마시며, 일하고 휴식하고, 놀며 토론한다는 개념을 구현한 공간입니다. 특히 티-마켓 퍼블릭 테이블T-MARKET PUBLIC TABLE을 예약하면 2시간까지 이용 가능합니다. 공간별로 프라이빗함까지 느낄 수 있도록 구성되었습니다.

티-마켓에 입점한 브랜드들도 하나씩 살펴보면 도쿄의 유명 F&B를 한곳에 모았다고 해도 과언이 아닙니다. 그중에 주점에서 술을 구입해 매장에서 어묵과 함께 먹을 수 있는 '카쿠우치', 식물성 재료만 활용하는 바나나 전문 인기 베이커리 숍 '오브고 베이커ovgo Baker' 등이 눈길을 끕니다. 오브고 베이커는 이곳에서만 구입할 수 있는 한정 메뉴도 판매합니다. 티-마켓 외부에서 별도로 운영되는 도라노몬힐스 카페도 인상적입니다. 사카이 상회 사카이 히데아키가 감수한 제철 식재료를 이용해 일본식 음식도 제공하며, 프로모션 전시부터 이벤트까지 다양한 목적으로 활용되는 공간입니다. 심플하고 차분한 공간은 글로벌 플레이어들에게 잠깐의 휴식을 제공하기에 제격입니다.

도라노몬힐스의 티-마켓이 같은 시리즈인 아자부다이힐스의 마켓과 다른 듯 같은 점을 가지고 있다는 사실도 인상적입니다. 전체적인 분위기는 확연히 다릅니다. 아자부다이힐스 마켓은 좀 더 생활인을 위한 공간으로 구성되었으며, 입점한 브랜드들도 식재료에 집중한 곳이 많습니다. 반면 도라노몬의 티-마켓은 일하는 사람들이 여유 시간을 보낼 수 있는 공간입니다. 주변을 꾸민 인테리어 요소에 자연물을 많이 활용한 것과 유럽의 마켓을 연상시키는 점도 여유와 휴식의 공간임을 강조하는 역할을 합니다. 지하철과 바로 연결되지만 건물에서는 조금 떨어진 공간이라는 것도 일을 마치고 집으로 가는 중간 잠깐 휴식하기에 적절한 지점입니다. 다만 두 공간 모두 도쿄를 대표하는 F&B 브랜드로 구성해 어른들이 놀고 쉬는 공간을 완성했습니다. 놀일터에는 F&B 매장이 필수적인 공간임을 알 수 있는 대목입니다.

자산 속 새로운 브랜드로
자리 잡은 놀일터

　　　　여러 사례를 통해 살펴본 것과 같이 '놀일터' 공간들은 자산과의 결합을 통해 상품화되며, 하나의 단일 브랜드로 성장하고 있습니다. 같은 힐스 시리즈이며 마켓을 컨셉으로 한 공간이지만 어떤 타깃에 집중하는지에 따라, 또 지역의 특색이나 찾는 이들의 라이프 스타일에 따라 조금씩 다른 전략으로 브랜딩이 진행되며 운영에도 차이가 생깁니다. 미드타운 시리즈 역시 마켓과 자산이 있는 지역의 특성을 살리면서 자신들에게 맞춘 브랜드를 선정합니다. 이를 통해 자산 속 리테일 역시 브랜드 전략으로 운영되고 있음을 알 수 있습니다.

　단순히 유명한 곳들이 아니라 하나의 컨셉과 가치를 전달할 수 있는 리테일을 통해 자산에서 시간을 보낼 수 있도록 운영합니다. 각 자산의 특색을 살리고 이 공간에 와야 하는 이유를 만들어줍니다. 그래서 동일한 시리즈여도 리테일 브랜드가 겹치지 않고, 컨셉이 동일하게 구현되지 않습니다. 같은 요코초를 컨셉으로 해도 저마다 차별점을 만들어갑니다. 이런 변주가 있기에 각 공간마다의 특색과 개성이 만들어지는 것입니다.

짧은 시간 반짝하는 공간보다는 일정한 컨셉으로 꾸준히 운영되며 이용하는 이들과 시간을 쌓고, 이야기를 만들어가는 것을 목적으로 합니다. 사람들이 지속적으로 찾으며, 매력이 다양하고 분명합니다. 덕분에 도쿄의 여러 놀이터는 개인의 삶의 한 부분을 담당하는 역할까지도 수행합니다.

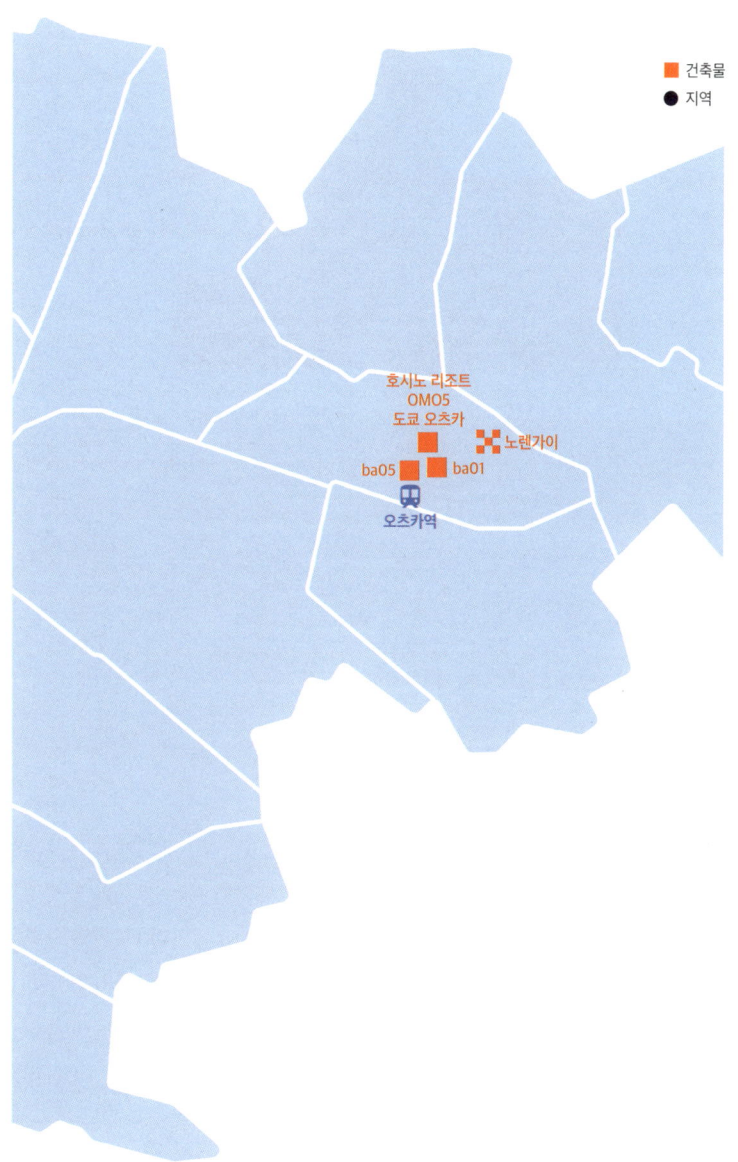

PART
9

STATION AREA

개발에서 '역세권'이라는 의미가 가지는 영향력을 고려한다면, 도쿄역을 역사적 측면과 상업적 측면에서 모두 살펴봐야 합니다. 도쿄역을 중심으로 많은 사람들의 이동이 이뤄졌고, 그 사이에 새로운 공간들이 개발되어 점차 하나의 권역이 만들어졌습니다. 공간 활성화에 대중교통이 가진 영향력을 알 수 있는 사례입니다.

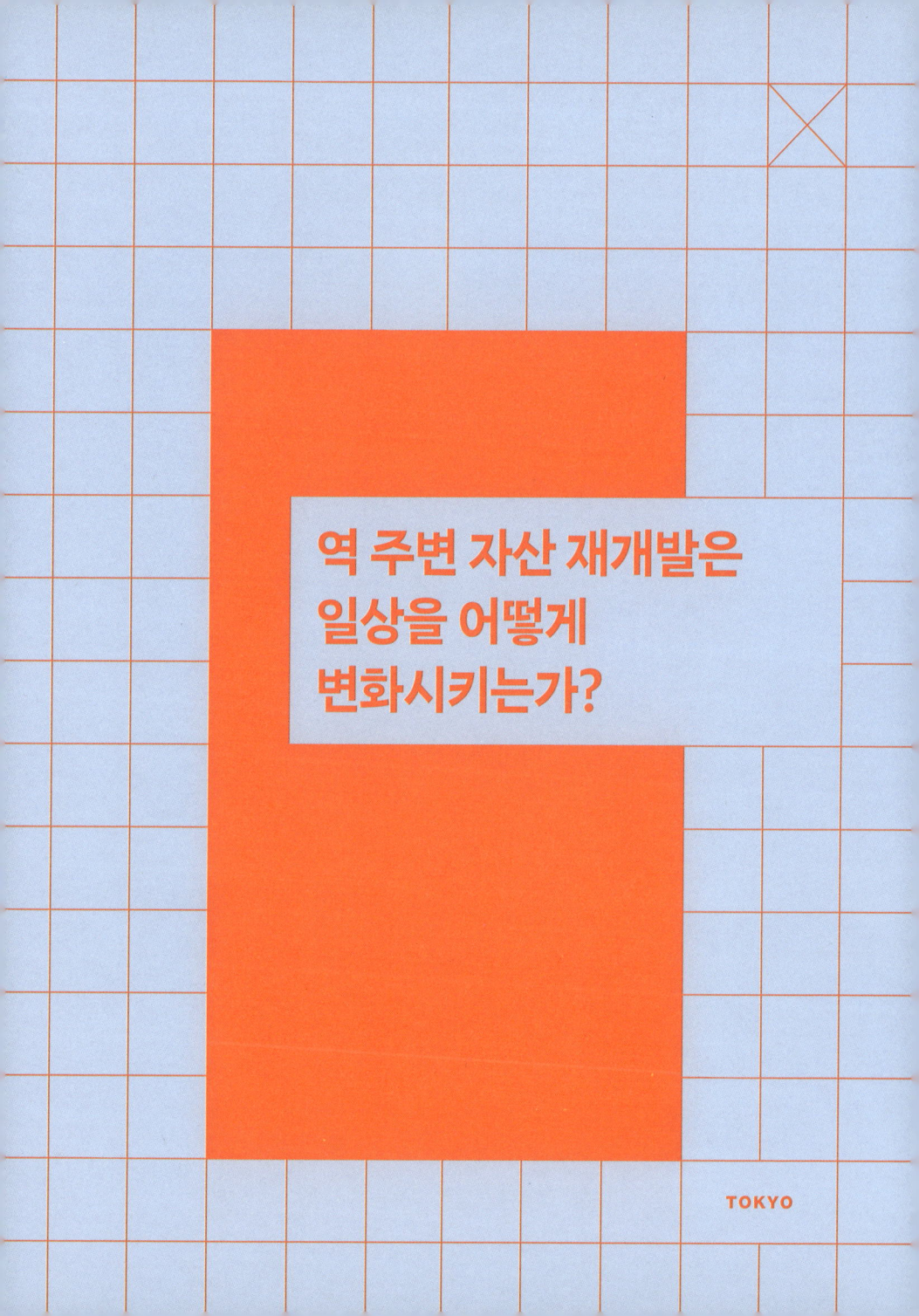

사람이 살고 싶은 곳의 특징 중 하나로 이야기했던 것이
교통 편리성입니다. 주요 공간 개발 시 대중교통을 최대한 다양하게
구성하려고 노력하는 것도 이런 이유 때문입니다.
도쿄의 대표 지역들도 다르지 않았습니다.
그중에서 도쿄의 현관으로 불리는 도쿄역은
"일본의 모든 길은 도쿄역으로 향한다."라는 말이 있을 정도로
일본 전역을 연결하는 구심점입니다.
신칸센, 메트로, JR 등의 노선이 운영되는 일본의 국가 중앙역이자
하루 3,000편의 열차, 평균적으로 약 100만 명 이상의
사람들이 이용하는 곳입니다.

1908년 러일전쟁이 끝난 후 본격적으로 개발하고,
1914년 운영을 시작해 110년 역사를 가진 공간입니다.
1945년 태평양전쟁의 영향으로 크게 파손되어,
여러 번의 재건이 이뤄졌습니다.
현재의 모습이 완성된 것은 2012년입니다.
도쿄역을 중심으로 많은 사람들의 이동이 이뤄지며, 그 사이에
새로운 공간들이 개발되고 점차 하나의 권역이 만들어졌습니다.
이런 형태의 개발을 TOD(Transit-Oriented Development),
대중교통 중심 개발 방식이라고 합니다.
공간 활성화에 대중교통이 가진 영향력을 알 수 있는 부분입니다.

마루노우치 지역을 책임지는
디벨로퍼 미쓰비시지쇼

도쿄역 중앙 출구로 나와 광장을 지나면 길게 이어지는 길을 만나게 됩니다. 이 길이 마루노우치 나카도리입니다. 이를 기준으로 좌우에 고층 빌딩들이 자리 잡고 있는 여의도 규모의 지역이 마루노우치입니다. 이 지역을 이야기할 때 일본을 대표하는 디벨로퍼 미쓰비시지쇼를 빼놓을 수 없습니다.

미쓰비시지쇼는 1890년 메이지 정부의 요청에 따라 일본 육군이 사용하던 황무지에 가까운 땅, 마루노우치 지구 개발을 시작했습니다. 황궁 근처여서 개발에 따른 제약도 많았습니다. 그럼에도 130년에 걸쳐 마루노우치를 중심으로 오테마치, 유라쿠초까지 개발하며 세계적인 비즈니스 지구를 만들었습니다. 1894년 벽돌 외관이 특징인 미쓰비시 1호관이 준공되었습니다. 이 건물에는 회사와 은행이 입주하며 일본 최초의 오피스 빌딩으로 활용됩니다. 마루노우치를 일본 비즈니스의 대표 거리로 만들겠다는 목표를 가지고 개발을 지속해 1911년 13개의 붉은 벽돌 건물이 늘어선 거리가 탄생했습니다. 도쿄역이 만들어지며 자연스럽게 마루노우치에 지어진 미쓰비시지쇼의 건물들이 오피스로 활용되기 시작합니다. 당시 최대 규모를 자랑하는 마루노우치 빌딩(마루빌딩)의 건설도 시작되었습니다. 각 층을 연결하는 엘리베이터를 도입했으며, 오피스 빌딩에 쇼핑몰을 만드는 등 시대를 앞서가는 건축을 선보입니다.

이어 1952년 완공된 신마루노우치 빌딩은 마루노우치 빌딩과 함께 마루노우치 에리어를 대표하는 공간으로 자리 잡습니다. 1950년대 중반 일본의 고도 성장기가 시작되면서 마루노우치 지역 오피스에 대한 수요도 급증했습니다. 그러나 1990년대에 들어서며 노후화된 건물, 롯폰기, 에비스 등 주변 지역의 성장, 버블경제 붕괴에 따른 빈 오피스 증가 등의 부정적 환경 요인으로 마루노우치 지역은 점점 쇠퇴합니다. 마루노우치 지역의 70%를 소유하고 있는 미쓰비시지쇼 역시 위기감을 느끼기 시작했습니다. 이에 마루노우치 에리어의 변화가 필요하다고 생각하게 됩니다. 짧은 기간에 전체를 바꾸는 개발은 계획하지 않았습니다. 마루노우치 지역 대부분을 소유하고 있으며, 여전히 임대료를 받고 있는 상황에서 빠른 개발, 한 번에 바꾸어서 수익을 극대화하는 개발을 해야 할 이유가 없었던 것입니다. 이에 하나씩, 하나의 건물 단위로 재구축을 시작해나갑니다.

시작은 마루노우치 지역을 상징하는 건물인 마루노우치 빌딩 재건축이었습니다. 31m 높이의 건물이 180m 초고층 건물로 변화합니다. 2002년 도쿄역, 유라쿠초역 주변 지역을 도시재생긴급정비지역으로 지정하고 국제적인 비즈니스 중심지의 경제기반 구축을 목표로 특례용적률적용지구 제도가 만들어지면서 가능했습니다. 특례용적률적용지구는 용적률의 일부를 복수의 건축부지 간에 이전할 수 있도록 해주는 제도입니다. 재건축을 통해 과거에 지어진 31m 건물과 재건축된 고층 건물이 하나의 건물로 공존하게 됩니다. 저층부는 기존 건물, 고층부는 새로 지어진 건물로 건물의 역사와 과거의 특징은 살리면서 현대적인 고층 빌딩이 완공되었습니다. 새로 건물을 짓는 것에서 끝이 아니었습니다. 방문하는 사람, 일하는 사람 모두가 즐길 수 있는 새로운 도시 기능의 창조를 목표로 한 개발이었기에 사람들의 관심과 방문을 이끌어내려는 시도도 이뤄졌습니다.

공간 활성화를 위해 미쓰비시지쇼가 주목한 것은 도쿄역의 유동인구였습니다. 하루 100만 명 이상이 이용하는 공간이었지만, 역 밖으로 나오는 사람은 많지 않았습니다. 마루노우치는 비즈니스 지역이라는 인식이 강했기 때문에 도쿄역 이용객들이 굳이 찾아야 하는 공간이 아니었던 것입니다. 그러나 사람이 모여야 자산이 활성화되고 성장할 수 있다고 생각한 미쓰비시지쇼는 도쿄역의 유동 인구를 마루노우치 거리로 끌어내는 전략을 세웁니다. 그 중 하나가 재건축된 마루노우치 빌딩 저층부에 상업 공간을 구성하는 것이었습니다. 기존에는 은행이 있던 저층부를 패션 브랜드, 레스토랑 등 사람들의 관심을 끌 수 있는 리테일 브랜드 공간으로 변화시켰습니다.

　건물과 건물 사이 거리를 이용객 중심으로 구성한 것 역시 미쓰비시지쇼의 전략입니다. 이에 대해 박희윤 작가는 저서 《도쿄를 바꾼 빌딩들》에서 "상업 활성화를 위한 2핵 1목 구조가 필요하다. 사람을 그 지역으로 끌어모으는 집객 장치를 '자석'에 비유하는데, 자석이 하나만 있으면 사람들이 그 자석 건물에만 머물고 주변을 돌아다니지 않는 문제가 생긴다. 그래서 일정 거리를 둔 2개의 집객 거점을 만들고 그 거점 간의 거리를 매력적으로 가꿀 때 시너지 효과를 일으킬 수 있다."라고 설명합니다. 미쓰비시지쇼는 마루노우치 빌딩과 31m 거리에 사람들의 발길을 끌어들이는 메인 공간, 마이플라자를 세웠습니다. 마이플라자 역시 마루노우치 지역의 특징 중 하나인 과거 건축물을 그대로 저층부에 살린 외관이 특징입니다. 당시 양식 건축의 명수 오카다 신이치로가 설계해 고전주의 건

축 양식의 특징을 가졌습니다. 그 외에도 인상적인 부분은 1934년에 지어진 국가중요문화재 '메이지 생명관'을 건물 내부에 보존하고 있는 모습입니다. 건물 안에 건물이 있는 느낌과 함께 새로운 건축 디자인의 일부 같다는 느낌도 받습니다.

마루노우치 빌딩과 마이플라자 저층부는 빔즈 플래그십, 꼼데가르송 등 매력적인 브랜드 매장들로 채워졌습니다. 거리는 가로등과 벤치, 넉넉한 인도, 가로수 등을 만들어 걸어 다니는 사람의 편의성을 우선했습니다. 마루노우치 어느 건물에 주차를 해도 동일한 할인이 적용되는 서비스도 제공합니다. 사람들을 끌어모으는 2개의 집객 거점과 그 사이를 잇는 매력적인 거리가 완성된 것입니다. 실제 마루노우치 빌딩은 개업 1개월 만에 280만 명이 방문할 정도로 화제성을 얻었습니다. 마루노우치를 오피스만 있는 지역이 아닌, 주말과 주중에 모두 사람을 만나고 쇼핑도 즐길 수 있는 동네로 새롭게 포지셔닝 한 것입니다.

오피스 거리 주말 방문객을
3배 높인 운영 전략

마루노우치 빌딩의 완성에 이어 '마루노우치 오아조', '도쿄빌딩', '신마루노우치 빌딩' 등이 차례로 재건축되었습니다. 마루노우치 빌딩이 패션과 F&B 브랜드 중심의 리테일 구성으로 2030 여성의 방문을 늘렸다면, 쌍둥이처럼 맞은편에 위치한 신마루노우치 빌딩은 타깃을 확장했습니다. 7층에 새벽까지 이용할 수 있는 식당가를 만들어 테라스와 연결한 이유이기도 합니다. 밤 늦은 시간에도 즐길 수 있는 공간이 있다는 인식을 만들어간 것입니다. 쇼핑, 음식, 문화, 엔터테인먼트 요소들을 더해 지역 활성화와 활기찬 동네 만들기에 주력했습니다. 이전과 비교해 점포 수와 주말 보행자 수가 3배 성장하며 마루노우치 지역은 오피스 거리, 평일 낮에만 사람이 찾는 거리를 벗어나 주말에도 사람들이 찾는 지역이 되었습니다.

마루노우치 지역의 매력을 알리기 위해 사람을 모으는 이벤트와 지역의 가치를 높이는 이벤트도 지속적으로 기획했습니다. 대표적으로 2007년부터 매년 예술대학과 협력해 개최하는 '게이다이 아츠 인 마루노우치Geidai Arts in Marunouchi'와 '아트 어워드 도쿄

마루노우치ART AWARD TOKYO MARUNOUCHI'가 있습니다. 2022년에는 비즈니스 이벤트인 '체인지 투 호프CHANGE to HOPE'가 개최되기도 했습니다. 마루노우치 지역 여러 장소에서 전문가의 강연을 들을 수 있는 이벤트입니다. 레고와 함께 여름방학 기간에 연 '페스티벌 인 마루노우치' 또한 20만 명이 넘는 가족 방문객을 마루노우치 지역으로 이끌었습니다. 미쓰비시지쇼는 지속적으로 새로운 이벤트를 기획하고 운영하며 마루노우치 지역을 활성화해나갑니다. 사람들이 모이는 지역이자 가치가 높은 지역이라는 포지셔닝을 위해 콘텐츠 사업 기획 및 운영부서를 별도로 구성해 지역을 꾸준히 관리합니다.

문화적 영향력까지 높여준
마루노우치 브릭스퀘어

　　미쓰비시지쇼의 마루노우치 재구성은 계속됩니다. 다음 단계는 마루노우치 지역에 요구되는 역사, 문화, 예술, 휴식의 공간을 만들어가는 것이었습니다. 사람들을 모으기 위해 상업시설을 비롯한 공간 운영에 중점을 두었던 이전 단계와 다른 부분이기도 합니다. 휴식공간, 문화공간을 늘리는 것을 더 중요하게 생각한 것입니다. 이는 'A Love for People, A Love for the City'라는 미쓰비시지쇼의 슬로건과도 이어집니다. 미쓰비시지쇼는 도시에 사는 사람, 일하는 사람, 방문하는 사람 모두의 시간이 풍부해지며 여러 사람과의 설레는 만남이 이뤄지는 공간을 만들겠다고 브랜드 의지를 표현하고 있습니다. 그 방법 중 하나가 도시에 새로운 가치를 끊임없이 창조하고 꿈과 감동을 계속 제공하는 것입니다.

　　가치 증대를 위해 '미쓰비시 1호관'의 재건축이 진행됩니다. 1894년 서양 스타일 오피스로 만들어진 미쓰비시 1호관은 1968년 노후화에 따라 새롭게 건축되었습니다. 40년이 흐른 2009년, 지어졌던 땅에 과거 설계를 그대로 재현해 '미쓰비시 1호관 미술관'으로 지어진 것입니다. 붉은 벽돌 외관뿐만 아니라 내부 구조, 배치,

건축 소재까지 과거의 것을 최대한 복원했습니다. 또한 미술관으로 활용하기 위해 온도, 습도, 경비 체제 등에 엄격한 기준을 적용했습니다. 지금은 휴관 중이지만, 미술관 1층에 위치한 레트로 카페 1894도 인상적입니다. 1894년 당시 은행 창구로 사용되었던 모습을 그대로 살린 인테리어로, 과거 건물의 예스러움을 느끼면서 간단한 식사와 디저트를 즐길 수 있는 공간입니다.

미술관 앞 정원에는 기둥형 좌석을 두고, 기둥은 거대한 수직 가든처럼 꾸며놓았습니다. 가로형 정원과 세로형 가든이 이어지며 작은 숲속에 들어온 듯한 기분이 드는 공간을 완성했습니다. 그 옆

으로 이어진 마루노우치 파크 빌딩 저층부의 레스토랑에서 음식도 즐길 수 있습니다. 온전한 도심 속 가든, 작은 휴식공간이 만들어진 것입니다. 공공성과 사업성을 모두 얻은 선택입니다. 도시개발 과정에서 꼭 필요한 공공기여 공간을 제공하고, 기여를 인정받아 용적률 인센티브를 얻을 수 있었기 때문입니다.

미쓰비시 1호관 미술관과 도시 정원, 마루노우치 파크 빌딩 저층부(1~4층) 공간을 한 번에 지칭하는 이름은 마루노우치 브릭스퀘어입니다. 마루노우치 내 휴식을 담당하는 곳이자 다양한 레스토랑과 브랜드들이 자리한 쇼핑몰 형태의 공간입니다. 미슐랭 3스타 셰프인 조엘 로부숑의 디저트 카페, 일본 와규를 4가지 조리 방법으로 즐길 수 있는 스키야키 전문점 등 특색 있는 리테일 매장도 자리하고 있습니다.

시대와 세대를 넘어 계승되는
'지역 마을 만들기'

미쓰비시지쇼의 개발은 '지역의 마을을 만든다.'는 개념입니다. 이를 기본으로 '모범적인 지역을 만든다.'라는 관점이 사회 환경이나 경제, 가치관, 시대 변화에 맞춰 발전되었습니다. '최첨단의 풍부한 비즈니스 거리'를 창조하고, 지역적 특성을 고려하며, 다양성과 창조력이 넘치는 사람들이 이 거리에서 새로운 활동을 하고 가치를 만들어갈 수 있도록 노력합니다. 방법은 사람에게 조금 더 집중하는 것입니다. 에리어 매니지먼트 기획부 유닛 리더인 카니가와 타구는 "사회의 변화에 맞춘 마을 만들기가 필요합니다. 예를 들어 회사에 출근하는 빈도가 줄어들기 때문에 동료와 함께 하는 음식이 더 중요할 수 있습니다. 지금까지의 경험과 다른 음식 체험이 가능한 장소가 필요하겠죠. 그런 공간을 만들어 가는 것이 이곳에서 일하는 사람들의 요구에 부응하는 마을 만들기의 한 영역입니다."라고 말합니다. 결국 지역을 찾는 사람들이 어떤 공간을 필요로 하는지 인지하고 그에 맞는 환경을 만들어가는 것에 중점을 둔 것입니다. 이를 위해 미쓰비시지쇼의 마루노우치 개발은 현재의 거리에 없는 새로운 기능이나 매력을 어떻게 추가해나갈 것인가를 고려합니다. 사람이 오는 거리, 사람들이 만나

활기가 생기는 거리를 완성해나가기 위해 필요한 요소인 인접하는 건물 간의 관계성, 공적 공간과 건물 저층부 정비, 지상이나 지하의 보행자 네트워크 정비 등에 집중하는 이유도 이 때문입니다. 이것이 100년 후에도 세계에 자랑할 수 있는 마을 만들기의 과정인 셈입니다.

거리의 매력은 개인이 그 장소에서의 체험을 통해 직감적으로 느끼는 것입니다. 그렇기에 미쓰비시지쇼는 마루노우치 지역 개발에서 하나의 건물이 가지는 사업성뿐 아니라 에리어 전체를 살피고, 에리어의 미래 모습을 상상하면서 프로젝트를 운영합니다. 미쓰비시지쇼가 기업 브랜드 광고에 마루노우치 지역의 다양한 경험들을 보여주는 것, 마루노우치 지역의 과거 모습부터 현재까지를 보여주는 웹 영화를 제작하는 것도 마루노우치 에리어에 대한 이해를 높이고, 체험할 수 있는 범위를 계속해서 공유하려는 노력의 일환입니다.

우체국이 가진 본질을
자산 브랜드로 정립한 킷테

과거 우편물의 이동에는 열차가 이용되었기 때문에 일본 대도시의 거점역 앞에 우체국이 있는 경우가 많습니다. 도쿄역 앞에도 도쿄중앙우체국 건물이 있습니다. 2007년 일본 우정공사는 JP라는 이름으로 민영화되면서 적극적으로 자산을 활용하기 시작합니다. 도쿄역 앞 우체국 건물 역시 오피스, 상업시설, 공공시설이 더해진 대규모 복합시설 형태로 변화했습니다. 그중에서도 상업시설이 눈에 띕니다. JP와 전국 네트워크를 가진 JP동일본이 함께 지방과 도쿄를 연결하는 전역의 재생을 목표로, 지방의 노포와 맛집을 유치해 공간을 구성했습니다.

상업시설의 이름인 '킷테'에서도 이런 목표가 느껴집니다. 킷테는 우체국을 상징하는 요소인 '우표'와 '어서 오세요'라는 인사를 동시에 의미하는 중의적 표현입니다. 과거 공간의 특징을 살리면서 새로운 공간의 아이덴티티도 반영한 네이밍입니다. 공간 컨셉도 '일본다움과 새로움'을 동시에 살리는 것입니다. 일본의 장인정신을 보여줄 수 있는 잡화점, 4층에 과거 우체국의 국장실을 재현한 공간 등에서는 일본다움을 느낄 수 있습니다. 쿠마 켄고가 디자인한 세련된 구조, 조명으로 장식한 삼각형 아트리움 등은 신선한 느낌입니다. 6층에는 옥상 정원인 '킷테 가든'을 만들어 도쿄역을 한눈에 내려다볼 수 있게 했습니다. 도쿄대학이 운영하는 자연사 박물관도 알찬 볼거리입니다.

킷테는 공간 구성부터 브랜딩, 공간에서 브랜드를 노출하는 방법 등 여러 측면에서 자산의 브랜드화를 진행하고 있습니다. 우선 들어서는 순간 만나는 1층 메인 홀을 이벤트 공간으로 활용하는 동

시에 모두가 오가고 볼 수 있는 열린 공간으로 구성한 것도 우체국의 역할인 '연결'을 새롭게 해석해 구현했다는 인상을 줍니다. 사람들에게 도쿄역을 나와 연결된 공간으로 들어선 순간 도쿄를 넘어 일본 전역을 만나는 경험을 제공하는 것입니다. 여기에 브랜드를 타이포그라피 형태로 디자인한 로고 플레이, 각 층마다 미디어월을 통해 브랜드를 알리면서 동시에 하나의 작품처럼 보여주는 구성 등 작은 디테일에서도 브랜드 인지에 신경을 썼습니다.

오츠카역 개발의 컨셉
'거리의 온도를 올리다.'

도심 역세권 일대 재정비를 위해 철도 계획과 개발 계획을 함께 수립하고, 역사 재정비부터 인근 지역까지 연결된 개발을 진행한 것이 도쿄역과 마루노우치입니다. 공적 공간 개발을 기회로 역세권 일대를 적극 변화시킨 것입니다. 장기적인 관점에서 사업을 추진할 수 있고, 목표와 전략이 명확했기에 가능했습니다. 통합적 계획에 따른 개발로 일체화된 지역을 만들고 지역 전체의 가치까지 높일 수 있었습니다. 이런 변화가 도쿄의 현관이라 불린 도쿄역 인근을 새롭게 만들었으며, 현재도 지속적으로 개발이 진행 중입니다.

역을 중심으로 한 개발 사례 중 도쿄역과 다른 형태적 특징을 가진 곳은 오츠카역 근처입니다. 오츠카역 개발은 이로노와 부동산이 진행했습니다. 75년 역사를 가진 야마구치 부동산이 새 이름으로 바꿔 운영 중인 회사입니다. 2023년 쭉 있고 싶은 공간, 기분 좋은 사회를 만들어가는 변화의 주체가 되겠다는 의지로 이름을 바꾸고 새로운 도전을 시작했습니다. 화려한 개성을 가진 사람들이 손을 잡고 주체적인 거리를 만들어가기 위해 오츠카 지역 커뮤니티도 운영합니다. 이로노와 부동산 역시 개발의 목표는 "사는 사람도, 일하는 사람도, 방문한 사람도 이 거리에 오면 기분이 좋아진다."입니다. 미쓰비시지쇼의 마루노우치 지역 도시 만들기와 다르지 않습니다. 결국 도시 개발은 사람을 향한다는 증거이지 않을까 싶습니다.

목표 달성을 위해 거리와 지역의 존재감을 키우는 것부터 시작했습니다. 오츠카역 근처는 과거 '이케부쿠로 옆 동네'로 지칭되는 등 지역의 브랜딩이 전혀 이뤄지지 않은 곳이었기에 역 중심 개발을 통해 사람이 인지하고 찾는 공간으로 바꿔나가고자 했습니다. 이로노와 부동산은 몸에 온도가 있는 것처럼 사람들이 모이는 거리에도 온도가 있다는 생각에 '거리의 온도를 올리자.'를 컨셉으로 정했습니다. 한 사람 한 사람의 연결로 커뮤니티가 만들어지고, 사람과 거리가 연결되면 더 많은 사람들이 찾는 거리로 변화할 수 있다고 생각한 것입니다. 거리 자체의 존재감도 향상됐습니다. 지역 개발, 자산 개발을 통해 더 이상 이케부쿠로 옆 동네가 아니라 오츠카역이라는 정확한 지역명을 인지시키는 것부터 시작했기 때문입니다.

오츠카역 개발의 또 다른 특색은 건물마다 ba 01, ba 02와 같은 형태의 번호가 매겨져있다는 것입니다. ba는 거기에 있으면 연결을 느끼는 장소라는 의미를 가집니다. 실제 오츠카역에서 내리면 기타구치 에키마에 광장을 기준으로 동그랗게 자리 잡은 각 번호의 건물들이 시선을 사로잡습니다. 그 시작점에 호시노 리조트의 새로

운 도시형 호텔 'OMO5'가 있습니다. 실제 건물의 넘버도 01번입니다. 이곳은 사람을 모으는 공간으로, 오츠카의 새로운 결절점입니다. 그 주변으로 앞서 소개했던 어른들의 먹고 마시는 것을 책임지는 노렌가이가 있습니다. 차세대 임대 아파트 ba 03, 오츠카의 랜드마크 빌딩 ba 05, 인기 음식점과 스포츠시설, 엔터테인먼트 시설이 갖춰진 상업 공간 ba 06 등이 이어지며 동네에 꼭 필요한 시설을 하나의 빌딩으로 구현한 형태의 오츠카 에리어가 만들어집니다.

노면 전차도 거리에 특색을 더합니다. 오츠카역을 지나는 노면전차는 1911년에 개통한 도덴 아라카와선입니다. 도쿄의 유일한

정통 노면 전차이면서 30개 역을 지나기 때문에 지역 주민들이 일상에서 활용하기도 합니다. 더불어 오츠카 지역을 찾는 관광객들에게는 지역 감성을 느끼고 새로운 문화적 체험을 가능하게 하는 상품이기도 합니다. 2017년 도쿄 사쿠라 트램으로 애칭이 결정되었을만큼, 벚꽃이 만개한 봄 시즌에 특히 인기가 좋습니다. 오츠카역 근처의 경우 개발로 형성된 목조 건축물을 활용한 노렌가이와 노면 전차가 어우러지며, 일본 작은 마을의 분위기가 느껴집니다. 브랜드와의 협업, 커뮤니티 형성을 통한 작은 변화들이 도쿄에서도 색다른 오츠카역만의 일본 분위기를 만들었고, 이를 느끼고 싶은 여행자들의 발걸음이 늘고 있습니다.

지역과 사람의 관계를 가깝게 만드는 지역 리조트

오츠카역 개발의 결절점이자 시작점이기도 한 호텔 'OMO5'는 호시노 리조트의 관광호텔 브랜드입니다. 호텔계의 프리미엄 브랜드인 호시노 리조트와 쉽게 연결되지 않는 컨셉입니다. 시작은 2007년 호시노 리조트 요시하루 대표가 료칸 재생 프로젝트를 진행할 때로 거슬러 올라갑니다. 그는 료칸을 찾는 이들은 줄어들지만 지역 관광객 수는 증가하는 현상의 이유를 찾다가 관광객들이 비용은 저렴하면서 상점가와 가까운 비즈니스 호텔을 선호한다는 사실을 알게 됩니다. 여기서 OMO 브랜드가 출발합니다. 관광을 목적으로 한 고객에게만 서비스를 제공하는 도심형 관광호텔이 탄생한 것입니다.

오츠카에서는 특히 'OMO 레인저'라는 차별화된 서비스가 중요합니다. 오츠카 주변 지역에서 가이드북에 소개되지 않은 매력적인 공간들을 직원이 안내해주는 서비스입니다. 이자카야 투어, 맛집 투어, 심야 투어 등 호텔 전 직원이 교대로 참여하는 5개 컨셉의 투어가 운영됩니다. 이 서비스를 준비하면서 오츠카 지역 상인들이나 주민들과 관계를 맺게 되었고, 지역 활성화라는 새로운 목표까지 공유하게 되었습니다. OMO 레인저가 기존 호텔 서비스와 다른 점은 고객의 니즈를 만족시켜주는 것이 아니라 오츠카 지역을 중심으로 한 체험을 제공한다는 점입니다. 지역의 매력이라고 생각하는 요소를 방문객들에게 소개하는 것에 더 집중한다는 방향성을 가집니다. 이를 통해 호텔이라는 단일 공간의 매력보다 지역이 가진 매력을 알리고, 결국 지역 전체가 하나의 리조트가 되도록 운영합니다. OMO5에 와야 하는 이유가 곧 오츠카 지역이 되도록 했습니다.

OMO5 운영은 여러 호텔의 기획, 디자인, 설계, 운영을 담당한 UDS라는 회사에서 합니다. 일본의 철도회사 중 하나인 오다큐에 100% 자회사로 운영되고 있습니다. 일본과 중국의 무지호텔, 안테룸 교토, 올데이 플레이스 시부야 등의 호텔도 기획부터 운영까지 UDS에서 진행했습니다. 우리나라 호텔 중에서는 호텔 카푸치노를 담당했습니다. UDS에서 담당한 호텔의 공통점은 공간에서 따뜻함과 생기가 느껴진다는 점입니다. 더불어 명확한 컨셉을 가지고 공간 운영을 진행한다는 인상도 받습니다.

UDS가 중점을 둔 사업 방향은 노후한 오피스 빌딩을 리노베이션 해 새로운 공간으로 만드는 것이었습니다. UDS 카자와라 후미오 대표는 인터뷰를 통해 "인구는 감소하는데 계속해서 새 건물을 짓는 것은 이상하다는 사실을 깨달았다. 이에 건물의 가치를 재생할 수 있는 노후 건물 리노베이션 사업을 전개하게 됐다."라고 밝혔습니다. 오랜 건물을 부수는 것과 새로 짓는 것 모두 환경적 부담이 생기는 일이니 리노베이션을 통해 부담을 낮추는 계획을 세운 것입니다. 경제적 가치와 사회공헌적 가치를 동시에 높일 수 있는 선택이었습니다. 특히 호텔은 오래된 것을 세련되게 바꾸는 리노베이션이 가능한 공간이라 생각했습니다. 주택보다 많은 사람들이 찾는 공간이기 때문에 사람을 모으고, 사람에게 알리고, 반응을 이끌어내기에도 적합했습니다. 이에 UDS는 호텔의 기획부터 운영까지 하나의 컨셉으로 진행하는 사업을 확장했습니다.

이들이 또 집중한 것은 소비자의 관점에서 생각하는 것과 커뮤니티 활성화였습니다. 호텔을 이용하는 이들과 지역 주민을 연결할 방법을 고민했고, 교류의 장소로 활용할 수 있는 코워킹 스페이스를 호텔에 구현했습니다. 이는 결국 사람이 모이고, 관계를 맺는 것을 중요한 경험으로 제공한 것입니다. 시스템으로 거리를 즐겁게 하는 것, 특색 있는 거리를 경험하게 하는 것, 거리의 커뮤니티 장소가 있는 것, 지역의 관점에서 특별한 환대를 경험하게 하는 것이 UDS에서 호텔을 운영하며 추구하는 목표이기도 합니다.

이러한 특징이 오츠카 지역 OMO5 호텔에도 반영되었습니다. 호텔만 유명하게 하는 것보다 지역과 함께 성장하는 것이 지속가능하다고 생각했습니다. 단순히 숙박시설로서의 호텔이 아니라 라이프 스타일의 한 영역을 함께하는 공간의 역할을 수행하고자 합니다. 하나의 지역을 살리고 만들어가는 과정에서 호텔을 주요 거점으로 활용하며 운영해나가는 특징을 보여줍니다.

자산을 보존하며
미래를 그린다

도쿄역을 거점으로 미쓰비시지쇼가 개발하는 마루노우치 지역과 그 안에 자산, 이로노와 부동산의 오츠카 지역 개발, UDS의 공간 운영 모두 사람을 중심에 두었습니다. 사람들이 좋아하고, 계속해서 오고 싶은 지역을 만들어가겠다는 것이 목표입니다. 이에 맞춰 개발 과정에서 사람들의 미래를 위한 요소도 고려되었습니다. 그중 대표적인 키워드가 환경입니다. 환경적인 측면과 지속가능성까지 고려한 개발이 진행되어야 외관이나 건물이 가지는 특징 외에 가치적인 측면에서의 보존과 미래지향적 모습을 찾을 수 있습니다.

마루노우치 지역을 대표하는 디벨로퍼 미쓰비시지쇼는 여러 방향으로 환경에 신경 씁니다. 마루노우치 빌딩을 시작으로 신마루노우치 빌딩, 마루노우치 파크 빌딩 등 마루노우치 지역에서 개발한 빌딩에는 신재생에너지를 도입했습니다. 온실가스의 중장기 삭감 목표 및 재생가능전략 비율RE100의 달성을 목표로 건물 내 재생 가능 에너지를 활용합니다. 미쓰비시지쇼는 마루노우치 에리어 전체의 에너지 매니지먼트도 담당하고 있습니다. 공장에서 제조한 냉수와 증기를 지하 터널로 공급해 마루노우치 지역 대부분의 빌딩에서 이를 냉난방에 사용합니다. 탈탄소화를 통해 마루노우치 에리어를 '에너지 마을 만들기 액션 2050'의 대상으로 삼았습니다. 환경에 대한 대처를 모니터링하는 '서스테이너빌리티 위원회'도 운영하고 있습니다. 환경 가치와 사회 경제 활동을 함께 극대화하기 위한 전략입니다.

미쓰비시지쇼가 메인 스폰서로 참여해 만들어진 마루노우치 이노베이션 파트너스 주식회사도 동일한 목표를 가집니다. 2050년까지 탄소 중립 사회를 실현하고자 최첨단 탈탄소화 기술을 가진 스타트업을 지원하고 있습니다. 마루노우치 지역을 기반으로 진행되는 행사에도 스폰서로 참여합니다. 대표적으로 서스테이너빌리티를 지속적으로 토의하는 커뮤니티 양성을 추진하는 종합 미디어 그룹 'Sustainable Brands Japan[SB-J]'이 매년 마루노우치 지역에서 운영하는 지속가능한 브랜드 국제회의가 있습니다. 이 행사는 지속가능성을 키워드로 경영부터 도시 개발까지 다양한 주제를 다루는 프로그램입니다. 마루노우치 전역에 6개의 강연장을 운영하며 지역을 하나의 공연장으로 활용했습니다. 이처럼 지속가능성과 관련해 최적의 솔루션을 찾기 위해 다양한 회사와 협력하고 적극적인 제휴를 맺고 있습니다.

미쓰비시지쇼는 이런 활동이 100년 이상의 시간을 들여 개발하고 변화시켜온 마루노우치 에리어에 대한 책임을 다하는 것이며, 더 행복한 사회를 만드는 방법이라고 생각합니다. 결국 새로운 도시, 미래의 도시는 사람을 통해 완성되는 것이기에 사람이 행복해지고 잘 사는 동네를 만들어가겠다는 의지입니다.

"우리가 그리는 우리의 모습은 입장이 다른 모든 개인·기업 등이 지속적으로 공생관계를 구축할 수 있는 장과 구조를 제공하는 기업입니다. 마을 만들기는 우리만으로 완성할 수 있는 사업이 아닙니다. 다른 지권자나 시공회사, 테넌트, 지역사회 등 폭넓은 사람들과 함께 하는 형태여야 합니다. 부동산과 도시의 가치를 높이기 위해서는 어떤 파트너십이 요구되는지 계속해서 생각해야 합니다." 미쓰비시지쇼 나카지마 아츠시 사장의 메시지 일부입니다. 부동산과 도시의 가치를 높이기 위해 디벨로퍼가 어떤 역할을 해야 하는지 생각해보게 만드는 내용입니다.

역 주변 자산 재개발은 일상을 어떻게 변화시키는가?

지요다구
map

■ 건축물
● 지역

황궁

신마루노우치 빌딩
마루노우치 지역
도쿄역
마루노우치 빌딩
킷테 마루노우치
마루노우치 마이 플라자
마루노우치 브릭스퀘어
미쓰비시 1호관미술관

1 도쿄 미드타운 히비야

1 도쿄 미드타운 히비야
F&B와 리테일
• LEXUS MEETS...
• TOHO Cinemas Hibiya

273

PART
10

ICON OF SHIBUYA

상품의 수명이 10년간 이어지는 것은 쉽지 않습니다. 그러나 단일 상품이 아니라 브랜드로 인지되면 100년도 유지될 수 있죠. 자산도 그렇지 않을까요? 단순히 높이 서있는 건물 또는 회사가 있는 건물이 아니라 매일의 일상에 나와 함께 하는, 이야기가 있는 공간으로 인지되어야 브랜드로 거듭날 수 있습니다.

도쿄 토일렛이
시부야의 아이콘이 된
진짜 이유

TOKYO

한국에서 약 10만 관객을 동원한 도쿄 배경의 영화가 있습니다.

독일의 거장 빔 벤더스 감독이 만들고

일본의 명배우 야쿠쇼 코지가 주연한 <퍼펙트 데이즈>입니다.

야쿠쇼 코지는 이 작품으로 칸 영화제에서 남우주연상을 수상했습니다.

영화의 주인공은 도쿄 공중 화장실을 청소하는

중년 남성 히라야마입니다. 그의 삶은 단순합니다.

화분에 물을 주고, 출근길에 자판기 커피 한 캔을 마신 후

노래를 들으며 해가 뜨기 시작하는 시부야로 이동합니다.

공중화장실 여러 곳을 청소하고, 점심에는 샌드위치를 먹으며

나무와 빛의 변화를 필름 카메라로 찍습니다.

퇴근하면 목욕탕에 가서 씻고,

지하철 상점가에서 간단한 저녁을 먹습니다.

그러고서 집에 돌아와 책을 읽다가 잠이 듭니다.

주말 일정은 약간 다릅니다.

빨래방에 가서 작업복을 세탁하고 사진을 인화합니다.

새로운 책을 구입하고 동네 술집에서 술 한잔 마신 후 집에 돌아갑니다.

개인과 자산의
교집합을 만드는 마케팅

관객의 입장에서는 〈퍼펙트 데이즈〉 주인공의 생활이 매일 같은 모습입니다. 하지만 그는 명확하게 짜인 루틴 그대로의 일상에 충실합니다. 주인공을 연기한 야쿠쇼 코지는 인터뷰를 통해 "히라야마는 작은 것에 행복을 느끼는 인물입니다. 하루의 매 순간을 소중하게 여기고 만족하며 생활하는 '만족을 아는 남자'죠. 그렇기에 삶의 작은 것이라도 맡겨진 일에 최선을 다하는 간결하고 단정한 삶을 산다고 정의할 수 있습니다."라고 주인공에 대해 설명합니다. 그의 말에 이 영화가 전하고자 한 주제가 담겨있다고 생각됩니다.

영화가 개봉하기 전까지 도쿄 토일렛 프로젝트는 유명 건축가와 크리에이터들이 참여한 도시 재생의 사례로만 알려졌습니다. 시부야구와 일본 재단이 함께 만든 공공 건축물의 일부일 뿐이었습니다. 그렇기에 프로젝트성 공간인 도쿄의 공중화장실과 그 변화의 과정을 어떤 형식으로 소개할지 궁금했습니다. 스토리를 가진 영화 〈퍼펙트 데이즈〉는 결과적으로 자산 마케팅과 공간 마케팅의 측면에서 굉장히 똑똑한 선택이었다고 생각합니다.

영화의 처음 계획은 지금과 다른 방향이었습니다. 도쿄 토일렛이라는 프로젝트의 홍보를 위해 다큐멘터리를 만드는 기획이었습니다. 다큐멘터리 제작을 위해 건축물과 연결된 작품을 여러 편 만든 세계적인 감독 빔 벤더스에게 연락합니다. 그러나 도쿄 토일렛 프로젝트를 살펴본 그는 장편 영화를 만들고 싶다는 의지를 밝힙니다. 도쿄의 공중화장실이 그에게 새로운 인사이트를 준 것입니다. 빔 벤더스가 인터뷰에서 밝힌 내용 중 인사이트를 볼 수 있습니다. "화장실은 모든 사람이 평등한 곳입니다. 부자나 가난한 사람이 없고, 노인이나 젊은이도 없습니다. 모든 사람이 인류의 일부입니다."

도쿄 토일렛 프로젝트에 거장의 철학적 사유가 더해져 탄생한 영화가 〈퍼펙트 데이즈〉입니다. 이 영화는 도쿄 토일렛 프로젝트를 전 세계에 효과적으로 알리는 역할을 했습니다. 일반적으로 공공건축물을 설치하는 프로젝트로 남은 것이 아니라, 개인과 교집합을 만들며 내가 가보고 싶은 곳 또는 일상에서 만나는 도쿄의 특별한 공간으로 인지하게 했습니다. 누군가가 매일을 보내는 장소라고 여겨진 것입니다. 이 지점이 스토리텔링을 통한 공감의 힘입니다. 주인공의 일상을 통해 공감한 개인들은 자연스럽게 도쿄 토일렛을 인지하고, 공중화장실인 도쿄 토일렛이 어떻게 관리되고 있는지를 알게 됩니다. 공중화장실의 변화라는 기능적 측면이 아닌 도쿄 토일렛이 가진 이야기와 가치를 먼저 이해하게 된 것입니다. 굳이 길고 자세한 설명이 필요하지 않습니다. 영화를 본 사람들은 누구나 도쿄 토일렛을 기억하게 됩니다. 그곳에서 혹시 만나게 될지도 모를 히라야마를 떠올릴 수도 있습니다.

　만약 자산에 대해, 공중화장실에 담긴 의미에 대해, 혹은 얼마나 유명한 사람들이 프로젝트에 참여했는지 등을 먼저 이야기했다면 지금과 같은 관심은 어려웠을 것입니다. 개인과의 교집합을 통해 관심이 생기도록 했기에 사람들은 그 공간에 숨겨진 이야기를 스스로 찾고, 정보를 알아가며, 프로젝트의 가치를 이해해갈 수 있었습니다. 실제 〈퍼펙트 데이즈〉 개봉 후 영화에 나온 공중화장실을 찾아가 봤다는 경험담이 후기로 올라왔습니다. 영화는 주인공의 개인적인 삶을 보여주지만 삶의 배경이 되는 공간이나 사람들의 모습, 문화를 통해 도쿄라는 도시의 변화까지 전한 것입니다. 그 상징이 바로 도쿄의 공중화장실, 도쿄 토일렛인 셈입니다.

환대 문화의 상징
도쿄 토일렛

　　　　　　도쿄 토일렛 프로젝트 소개에는 '화장실은 일본이 세계에 자랑하는 환대 문화의 상징'이라고 설명되어있습니다. 화장실은 전통적 측면에서 일본이 세계에 자랑하는 '오모테나시(손님을 극진히 모시는 문화)'의 상징적인 공간이며, 사람의 마음과 정신을 담아내는 곳입니다. 그러나 현실에서 공중화장실은 어둡고, 더럽고, 냄새나고, 무섭다는 인식이 더 강할 수밖에 없습니다. 이런 인식을 변화시키기 위해 2018년 일본 재단은 시부야구와 협력해 도쿄 토일렛 프로젝트를 시작합니다. 시부야구 내 17곳의 공중화장실을 리노베이션했습니다. 이 프로젝트를 진두지휘한 인물은 유니클로 야나이 다다이 회장의 차남이자 유니클로 이사로 재직 중인 야나이 코지입니다. 그가 공중화장실에 주목하게 된 계기는 도쿄 올림픽 프리젠테이션에 활용된 '오모테나시'라는 단어와 세계 최고의 휠체어 테니스 선수이며 살아있는 전설 쿠니에다 신고와의 대화였습니다.

　　　　야나이 코지는 도쿄 올림픽 프리젠테이션을 본 후 표준화되지 않고 개개인의 제스처에 담겨있는 일본 고유의 환대 문화를 어떻게 보여줄 것인지에 대한 기대가 생겼습니다. 얼마 후 쿠니에다 신고와 패럴림픽에 관련된 이야기를 나눴고, 이때 도쿄올림픽과 패럴림픽에 대해서는 기대하지만 도쿄라는 도시에 대한 걱정을 듣게 됩니다. 도쿄는 장애인에게 우호적인 도시가 아니라는 이유였습니다. 이를 계기로 그는 장애인을 위한 시설을 계획하기 시작합니다. 그 과정에서 "특별함을 가지고 있으면 좋지만, 더 중요한 것은 모두를 위해 만들어지는 것입니다."라는 아버지의 철학이 생각의 전환점을 만들어줍니다.

실제 유니클로의 브랜드 철학인 'MADE for All'의 의미에 대해 다시 고민합니다. 결국 장애인만을 위한 시설이 아닌, 장애 여부와 관계없이 더 나은 것을 만들어가겠다는 결론을 내립니다. 공중 화장실이라는 공간을 바꿔야겠다는 것 역시 같은 생각의 연장선에 있습니다. 사람은 모두 다르지만 모두 같습니다. 화장실을 가지 않는 사람은 없기 때문에 인간인 이상 해야 할 가장 기본적인 활동 장소에 세계 최고 수준의 창의성을 담아 변화를 만드는 프로젝트를 기획한 것입니다.

공공 건축물에서
도시를 대표하는 자산으로
가치 확장

공중화장실은 가장 작은 공공 건축물입니다. 동시에 공공 커뮤니티에 없어서는 안 될 편의시설이기도 합니다. 한 사회의 시민의식이나 문화를 목격할 수 있으면서, 일상에 영향을 주는 공간입니다. 그렇기에 변화했을 때 도쿄를 만나는 누구나 차이를 느끼고, 도시에 대한 인식이 변화하는 계기가 될 수 있습니다. 이를 위한 방법으로 기획자 야나이 코지는 예술적인 건축물을 만들기보다 실제 공중화장실이 가진 문제를 해결하고 사용자가 원하는 공간을 구현합니다. 프로젝트에 건축가뿐 아니라 크리에이터, 제품 디자이너, 인테리어 디자이너 등 다양한 창작자들을 참여시킨 것도 이런 이유입니다. 좋은 공간, 괜찮은 공간으로 끝나는 것이 아니라 도쿄라는 도시와 도시를 완성하는 공간들이 새롭게 현대화되고 있다는 점을 강조합니다. 다양한 기술적 장치, 디자인적 감각, 지역의 특징과 공중화장실을 이용할 이들에 대한 고민이 반영되도록 한 것입니다.

반 시게루가 설계한 요요기 후카마치 공원에 있는 공중화장실이 대표적입니다. 사람이 사용하지 않을 때는 내부가 보이는 투명한 공간이었다가 사람이 들어가 문을 잠그면 불투명한 공간으로 변합니다. 공중화장실을 사용할 때 내부가 깨끗한지, 안에 사람이 있는지에 대한 불안을 해결했습니다. 색감, 조명, 실내 레이아웃 등 디자인적 요인도 고려해 정돈된 공원 경관을 완성하는 역할도 수행합니다.

건축가 마키 후미히코가 참여한 에비스 히가시 공원 화장실은 화장실과 휴게소의 기능을 동시에 수행합니다. 녹음이 우거지고 지역 주민이 모이는 어린이 놀이공원이라는 장소의 특징을 반영해 외벽에 공원을 바라보며 쉴 수 있는 벤치를 뒀습니다. 공원의 명물인 문어 미끄럼틀에서 영감을 얻어 화장실의 외부는 오징어를 형상화했습니다. 변기 디자인에도 문어 모양이 차용되었습니다. 실제 이곳을 방문했을 때 고등학생 아이들 여럿이 화장실 앞에서 춤을 추며 시간을 보내고 있었습니다. 공중화장실이 지역 주민들이 모이고 즐거움을 느낄 수 있는 공간으로 변화했음이 명확하게 느껴지는 모습이었습니다.

에비스역 서쪽 출구에 있는 사토 카시와가 디자인한 공중화장실 'WHITE'는 에비스를 찾은 이들이 둘러보는 관광명소 느낌입니다. 역 앞이라는 장소적 특징을 디자인에 반영해 성별에 관계없이 누구나 독립된 하나의 화장실 부스를 이용할 수 있게 만든 것이 특징입니다. 들어가기 쉽고 사용하기 쉬운 화장실, 에비스역을 이용하는 사람들이 보기만 해도 산뜻해지기를 바라는 마음을 담아 새

도쿄 토일렛이 시부야의 아이콘이 된 진짜 이유

285

하얀 화장실로 완성했습니다. 그 외의 도쿄 토일렛 프로젝트를 통해 변화된 다른 화장실들 또한 각각의 컨셉과 특징이 명확합니다.

가장 지저분할 수 있고, 나쁜 인상을 줄 수 있는 공간을 청결과 환대의 공간이자 도쿄를 알리는 새로운 랜드마크 공간으로 바꿨습니다. 미디어를 적극 활용해 자산 마케팅도 진행합니다. 세계에서 가장 유명한 사진작가 중 한명인 모리야마 다이도와 사진 촬영을 하거나 주요 문화잡지들과 컬래버레이션을 하는 등 프로젝트를 하나의 브랜드처럼 홍보하고 알렸습니다. 세계적인 권위를 가진 디자인 어워드에도 출품했으며, 〈퍼펙트 데이즈〉 또한 이런 활동의 결과물입니다.

마케팅 활동까지 더해져 도쿄 토일렛은 도시를 대표하는 자산이 되었습니다. 도시에 대한 긍정적 이미지를 제공하며 도시 인지 제고라는 영역에도 영향을 줍니다. 도쿄의 새로운 얼굴이 된 것입니다. 실제 전 세계적으로 2,275곳 이상의 미디어에서 기사화됐으며, 53억 명에게 노출되었습니다. CBS 방송에서는 "도쿄의 가장 인기 있는 곳은 나이트클럽도, 박물관도, 레스토랑도 아닙니다. 지역 공원에 위치한 보석같은 큐브죠."라는 내용으로 반 시게루의 화장실을 소개했습니다. 단순히 홍보 효과만 있었던 것도 아닙니다. 실제 시부야구 공중화장실의 여성 사용자수가 200% 증가했습니다. 사람들이 기피하는 장소에서 사람들이 방문하고 싶은 장소로 재창조되었음을 증명한 것입니다.

자산의 지속성을
높이는 힘, 운영

도쿄 토일렛 프로젝트에서 마케팅 활동만큼이나 중요한 요소는 올바른 파트너들이었습니다. 완성된 결과물은 한 개인에 의해서 만들어지는 것이 아닙니다. 여러 관계자들이 자신의 영역을 완벽히 수행해야 좋은 결과를 얻을 수 있습니다. 실제 도쿄 토일렛 프로젝트는 여러 파트너들이 함께 했습니다. 기획자 야나이 코지, 16명의 세계적인 창작자들뿐 아니라 변기 설비 및 배치 자문 회사 TOTO, 변기 시공 회사 다이와하우스공업 등이 참여했습니다.

또한 자산 개발에서 큰 축을 담당하는 운영의 영역도 파트너와의 협업을 통해 해결했습니다. 특히 사용자의 경험을 완성하는 영역인 유지 관리를 중요하게 생각했습니다. 공공화장실은 지속되는 공간입니다. 오랫동안 여러 사람들이 사용하기 때문에 디자인이나 예술적 의미가 뛰어난 화장실을 설치하는 것에서 끝나지 않고 기분 좋게 이용할 수 있도록, 청결함을 유지할 수 있도록 '운영'에 집중해야 합니다. 이를 위해 도쿄 토일렛은 2024년 4월 1일부터 도쿄 시부야구로 이관되고, 동시에 일본 재단Nippon Foundation, Shibuya City 정부, Shibuya City Tourism Association이 체결한 3자 협정에 따라 유지 관리 업무가 수행되고 있습니다. 이 부분에서 도쿄 토일렛이 시부야 지역의 자산이자 관광명소와 같은 기준으로 관리되겠다는 생각이 들었습니다.

세계적인 창작자들의 참여를 이끌어낼 수 있던 요인 중 하나도 이런 관리 시스템을 계획하고 실행할 수 있다는 점이었습니다. 기획자 야나이 코지는 섭외 과정에서 자신의 예술작품을 자식처럼 사랑하는 그들의 마음에 차도록 관리하고 청소하는 데 최선을 다하겠다고 약속했습니다. 그 약속은 지켜지고 있습니다. 시부야 화장실은 하루에 한 번 청소하는 것이 일반적이지만 이 프로젝트 공간들은 조금 더 특별한 관리를 받습니다. 하루 3번, 겐조의 크리에이티브 디렉터 니고가 만든 유니폼을 입은 직원들이 관리합니다.

도쿄 토일렛 프로젝트 전에도 공중화장실을 활용한 마케팅은 일부 진행되고 있었습니다. 시부야구는 일부 공중 화장실에 기업의 광고를 노출하는 영역을 운영했고, 네이밍 권리도 판매하고 있었습니다. 그러나 화장실의 후원자를 찾거나 광고할 기업을 찾는 건 불가능에 가까운 일이었습니다. 인식이 나쁜 공간에 광고를 진행하는 기업은 없기 때문입니다. 후원을 받지 못하니 공중화장실의 유지 관리는 더욱 안되었고, 환경이 나빠지는 악순환이 이어졌습니다.

문제는 또 있었습니다. 시부야구는 도시를 디자인할 때 40만의 지역 주민만 고려해 공중화장실을 만들었습니다. 그러나 실제 시부야구의 하루 이동 인구는 100만이 넘습니다. 사람의 수가 2배 이상 늘어나면 공공시설의 숫자도 늘어나야 하지만 원활한 변화가 진행되지 않았습니다. 이런 요인들이 시부야구의 공중화장실 상태를 악화시키는 이유였습니다.

도쿄 토일렛 프로젝트를 시작할 때 야나이 코지는 이런 문제까지 해결할 수 있게 일본 재단과 시부야구의 파트너십을 제안합니다. 일본 재단이 자금을 담당하고, 시부야구가 도시의 문제를 해결하며 도쿄 토일렛을 유지 관리할 수 있도록 시스템을 만든 것입니다. 현재까지만 놓고 보면 이 같은 시스템은 효과적으로 운영되고 있습니다. 실제 도쿄 토일렛을 사용하면서 충분히 만족스러웠고, 관리가 잘 이뤄지고 있다는 인상을 받았습니다.

시부야 지역의
또 다른 변화를 이끄는 도큐부동산

사람들은 하나의 자산만으로 도시를 찾지 않습니다. 도쿄 토일렛만 보고 시부야를 찾아올 사람들보다 다양한 자산과 공간이 어우러지며 매력을 가진 지역이 되었을 때 방문하는 사람들도 늘어납니다. 반대로 생각하면 시부야에서 진행됐기에 도쿄 토일렛 프로젝트에 대한 관심도가 높은 것일 수도 있습니다. 이전에도 시부야는 도쿄의 첫인상을 만드는 지역 중 하나기도 했습니다. 여기에 가치 있는 공중화장실이라는 새로운 매력이 더해져 지역 매력도가 높아진 것입니다.

시부야는 IT와 문화, 도쿄 젊은이와 글로벌 인재들이 모여있는 지역입니다. 도쿄를 보여주는 장면 중 하나가 시부야역 앞 교차로일 정도입니다. 이런 시부야 에리어의 매니지먼트를 담당하는 디벨로퍼가 도큐부동산입니다. 도큐부동산은 시부야역을 중심으로 반경 2.5km 지역을 '광역 시부야권Greater SHIBUYA'이라 부르며 지속적인 브랜딩을 진행 중입니다. 일, 놀이, 생활이 융합되어 지속성을 가지는 거리를 목표로 했습니다. '엔터테인먼트 시티 시부야'를 만들기 위한 재개발도 진행했습니다. 그중 2000년부터 시작된 시부야 대개조 프로젝트의 일환으로 시부야 스트림, 시부야 스크럼 블 스퀘어 등 주요 자산들이 새로운 모습으로 변화했습니다. 자산의 변화는 기업들이 사무실을 시부야 지역으로 옮기는 계기가 됐습니다.

시부야 스트림이 완성되면서 '구글'이 입주했습니다. 일본에서 이미 인지도를 가지고 있는 IT 회사 '믹시', '사이버 에이전트', 'GMO' 등의 입주도 이어졌습니다. '위워크'와 '저스트고' 등 공유오피스도 시부야의 새로운 자산에 자리를 잡았으며, 2017년에 오픈한 시부야 캐스트에는 크리에이터들을 위한 공유 오피스 'Co lab'이 있습니다. 이런 영향으로 도쿄 23구 내 평당 임대료가 가장 높은 지역이라는 기록도 가지게 되었습니다. 기업이 자리를 잡으면 자연스럽게 사람들의 유입도 늘어납니다. 3040이 유입되며 시부야가 가진 분위기도 변화되고 있습니다. 자산이 지역을 어떻게 변화하는지를 보여주는 대표적인 사례입니다.

2021년 7월, 도큐부동산은 이전에 진행된 개발을 '광역 시부야권 1.0'으로 정의했습니다. 이 시기에는 IT기업이나 스타트업 등이 새로운 비즈니스를 창출하는 공간으로서 자산의 역할을 정하고 개발이 이뤄졌습니다. 그러나 이후 진행되는 '광역 시부야권 2.0' 개발은 좀 더 살아가는 공간으로서의 시부야를 만들어가고자 합니다. '살아가기'를 키워드로 정한 이유이기도 합니다. 도큐부동산의 시부야 개발 사업부 마을 만들기 전략 담당자 마츠바라 미카는 이

키워드의 의미를 "시부야는 비교적 가까운 지역에 거주 기능이 있는 거리지만, 서로 왕래가 적었다. 그래서 '거주'와 '거리'의 관계를 강화하고 싶었다."라고 설명합니다. 거주와 연결해 '사람들이 살아가기 좋은 지역 시부야'를 만들고자 한 것입니다. 2024년부터 국제 의료시설이나 서비스 아파트 용도로 활용될 예정인 사쿠라오카구치지구를 재개발하는 것도 이런 관점이 반영된 부분입니다.

미래의 시부야를 위해 시부야 에키마에 에리어 매니지먼트 협의회도 활동합니다. 도큐 주식회사, 도큐부동산을 비롯해 국토 교통성 도쿄 사무소, 시부야구 도시 정비부 등이 주축이 된 사단법인입니다. 이들의 목표는 시부야를 사랑하는 사람들에게 더 사랑받고, 시부야와 연결이 없던 사람도 시부야를 좋아할 수 있는 호기심과 창의성이 모이는 거리로 만드는 것입니다. 따라서 '시부야 펀 프로젝트'를 운영합니다. 이를 위해 걷기 쉬운 도시, 재해에 강한 도시, 관광 거점으로서의 도시, 크리에이티비티를 세계에 알리는 도시, 지속가능한 도시 등 구체적인 방향도 정했습니다. 실제 시부야 거리에 'SHIBUYA INFO BOX'를 설치하고 시부야와 관계된 사진이나 영상을 통한 홍보도 진행 중입니다. 카페 형태의 공간 구성으로 누구나 쉽게 찾을 수 있도록 했습니다.

여기서 끝이 아닙니다. 현재 시부야구를 이끌고 있는 구청장 하세베 켄은 "파리, 런던 그리고 시부야"를 만들겠다는 다짐을 전합니다. 시부야를 세계에 자랑할 수 있는, 세계의 대표적인 도시들과 어깨를 나란히 할 수 있는 지역으로 거듭나도록 하겠다는 의지가 엿보입니다. 이를 위해 다양성과 포용성의 개념을 확장하며 시부야구에서 일하는 사람, 생활하는 사람, 놀러오는 사람들의 의식을 변화하는 것부터 시작하고자 합니다. 2016년부터 시부야의 미래상으로 '시부야구, 차이를 바꾸는 도시'라는 슬로건을 만들고 실제 시부야를 이런 거리로 완성하기 위한 활동을 이어왔습니다. 말로 끝나는 것이 아니라, 도쿄 토일렛 프로젝트의 운영 주축으로 역할을 수행하고 기업과 손잡고서 지역 운영을 활성화하기 위한 협의체를 꾸준히 만드는 등 시부야구의 활동 방향에서도 의지가 느껴집니다. 미래의 시부야는 어떻게 달라질지 기대가 커지는 부분입니다.

자산을 브랜드로 확장시키는
인식의 차이

　　　　디벨로퍼가 주축이 되고 행정 당국의 협조를 이끌어내며 에리어를 매니지먼트하기에 미래를 이야기할 수 있다는 생각이 듭니다. 한 지역의 변화를 직접 계획하고 만들어가면서 결과적으로 사람들이 살고 싶고, 오고 싶은 지역을 완성해나가는 것입니다. 이는 빌딩만 자산이 아니라 한 지역 전체가 자산이자 브랜드라는 인식을 가지기에 가능합니다. 디벨로퍼가 지역의 성장을 이끌고, 자신들의 가치를 높이는 과정입니다.

　　　　이런 형태의 개발은 지속성을 가집니다. 도쿄라는 도시가 계속 가고 싶은 도시, 살기 좋은 도시라는 타이틀을 가지는 것 또한 이 때문이라는 생각입니다. 도쿄 안에서도 각기 다른 매력과 특색을 가지는 지역이나 자산을 만날 수 있는 것도 같은 이유입니다. 가장 작은 공공 자산도, 프라임급 자산도, 나라를 대표하는 도시까지도 지속성이 없으면 결국 외면 받게 됩니다. 그래서 우리는 운영을 꾸준히 고민해야 합니다. 문제를 인지하고 새로운 방향으로 해결해나가는 것부터 잘 하고 있는 것을 꾸준히 유지하는 것까지 자산 운영의 방향을 명확히 할 필요가 있습니다.

그 과정들을 알리는 마케팅 활동도 필요합니다. 상품의 수명이 10년간 이어지는 것은 쉽지 않습니다. 그러나 단일 상품이 아니라 브랜드로 인지되면 100년도 유지될 수 있죠. 도시에 있는 공중화장실이 아니라 도시를 대표하는 도쿄 토일렛으로 인지되는 것. 화장실이 아닌, 도쿄 토일렛이라는 브랜드로 인지되는 것이 같은 원리입니다. 자산도 그렇지 않을까요? 단순히 높이 서 있는 건물, 또는 회사가 있는 건물은 시간이 지나면 그저 낡은 건물이 될 뿐입니다. 이와 달리 매일의 일상에 나와 함께 하는, 이야기가 있는 공간으로 인지되어야 브랜드로 거듭날 수 있습니다. 시간이 흐를수록 가치가 높아질 수 있는 것입니다.

'지역과 타깃을 명확히 이해한 개발 기획인가', '자산을 통해 어떤 가치를 전달하는가', '자산의 연속성을 위해 어떤 파트너와 커뮤니티를 구성하고 운영해 나갈 것인가', '자산을 어떻게 브랜드로 진화시킬 것인가' 등의 주제를 고민하고 방법을 찾아야 합니다. 이런 과정이 선행되고 반복되어야 도시의 모습을 바꾸고, 사람의 삶의 방향을 만들어가는 자산의 긍정적 역할이 더욱 강화될 수 있지 않을까요? 이제 서울에서도 이런 고민을 통해 자신들만의 색을 보여주는 자산들을 더 많이 만나기를 바랍니다.

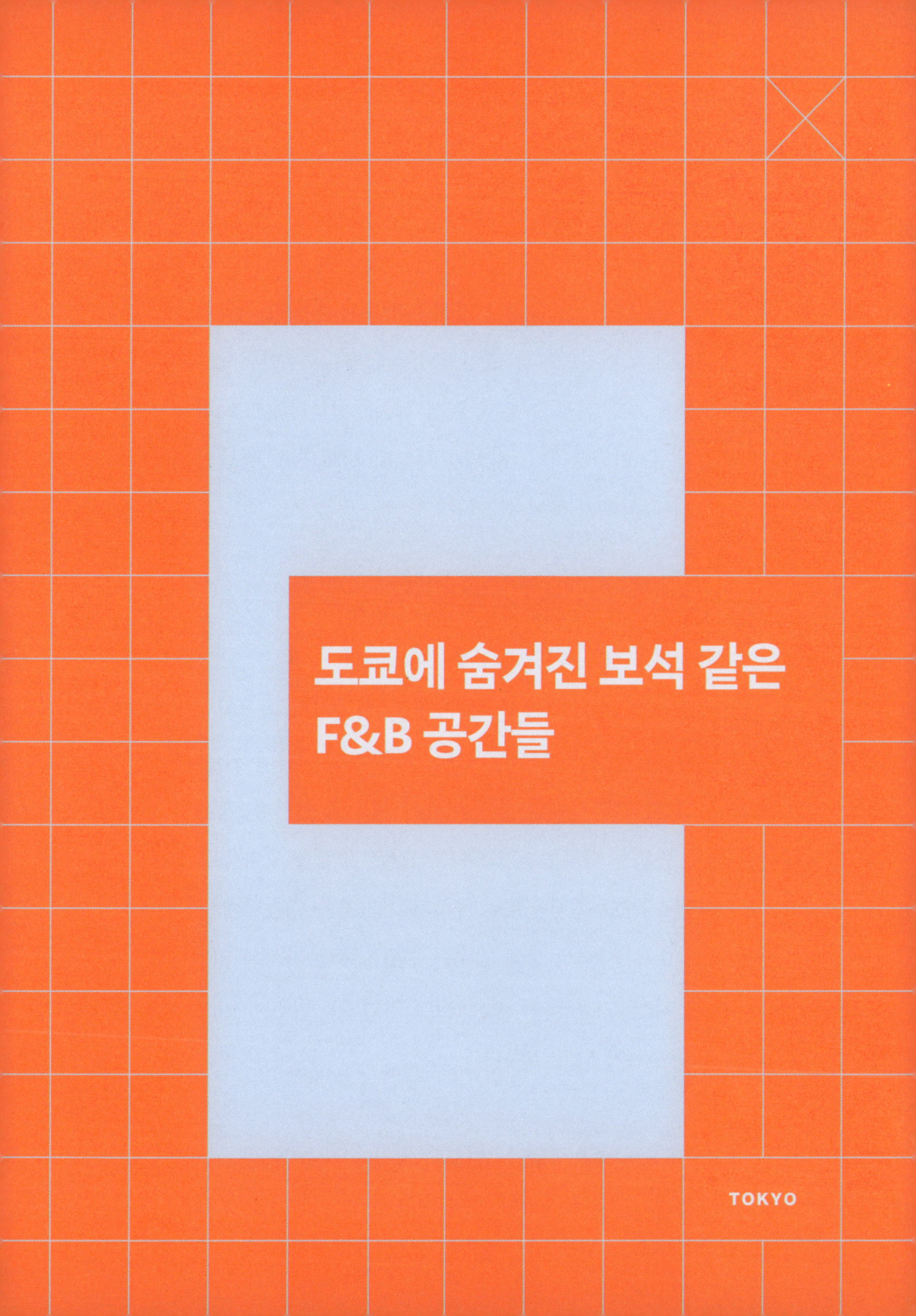

도시는 매일 조금씩 달라집니다. 또한 자산은 도시의 큰 그림을 변화시키는 역할을 합니다. 자산이 랜드마크 빌딩을 짓고 운영하면 사람들의 머릿속에 도시와 공간에 대한 이미지가 만들어집니다. 새로운 도쿄의 이미지도 그렇게 만들어지고 있습니다. 특히 도쿄의 경우 각기 다른 특징을 가진 디벨로퍼들이 각 지역을 책임지는 에리어 매니지먼트가 활성화되어 있습니다. 이런 영향으로 도쿄는 언제 가도 새로운 도시, 트렌디하고 변화하는 도시라는 인식이 생길 수 있었습니다. 지역별 특징이 명확하고, 자산의 매력이 각기 달라 지루할 틈이 없습니다.

실제로 새롭게 자산을 개발할 때 가장 신경 써 기획하고 운영하는 영역이 F&B입니다. 아자부다이힐스의 슈퍼마켓, 도라노몬힐스에 티-마켓, 미드타운을 채운 매장, 미야시타 파크의 스타벅스와 음식 매장 등 사례는 계속 늘어나고 있습니다. F&B 공간은 때로는 그 지역에 가야만 하는 이유가 되기도 합니다. 자산이 큰 이미지의 변화를 담당한다면 F&B 공간은 사람을 모아줍니다. 도시의 어떤 자산도 존재만으로 가치가 커지지는 않습니다. 사람이 찾고 모일수록, 사람의 삶에 깊숙이 연결될수록 가치가 커집니다. 그렇기에 자산도 '운영'이 중요해졌으며, F&B 공간이 자산 운영의 중요 콘텐츠가 되고 있습니다.

또한 F&B 영역은 복합적입니다. 타깃에 대한 이해, 지역이나 위치의 특징 고려, 차별화된 가치 제공 등 다양한 요소가 더해져 차이가 만들어지는 영역입니다. 맛의 상향평준화와 시장 포화 현상으로 더욱 차이를 만들기 어려운 분야가 되고 있습니다. 그래서 저마다 고객의 관심을 높이기 위한 활동에 집중해 각기 다른 매력과 가치를 제공하고자 노력 중입니다. 이런 노력을 통해 고객들과 접점을 늘려가는 대표적인 공간들을 소개하겠습니다.

1 맛있는 동네 가쿠게이다이가쿠의 숨은 아지트
Cignale VINO & PANE

주소 도쿄 메구로구 타카반 3-7-12 산루프 무카사 1F
인스타그램 cignale_vinoepane

　　　　　　　　　　가쿠게이다이가쿠는 일본의 유명 대학인 학예대학(가쿠게이대학교)이 있던 지역입니다. 대학교는 이전했지만 여전히 역의 이름은 바뀌지 않고 유지되고 있습니다. 도쿄에서 살기 좋은 도시, 도쿄의 맛있는 동네, 오래된 카페가 많은 동네 등의 여러 수식어가 붙어있는 지역이기도 합니다. 특히 오래전부터 그 자리를 지키고 있었던 듯한 제과점 스타일의 빵집이 많다는 특징을 가집니다. 또 하나의 특징은 지하철이 다니는 선로 아래에 상점들이 입점해있는 모습입니다. 아치모양 벽돌로 된 건물이 인상적입니다. 위로는 지하철이 지나가고, 그 아래에서는 와인 한 잔을 즐기거나 마트에서 장을 보는 사람들의 모습이 어우러지며 이 동네만의 분위기가 느껴집니다.

　　　　이렇게 맛있는 것이 많은 동네에서도 맛으로 인정받은 레스토랑이 Cignale

VINO & PANE입니다. 입구조차 찾기 어려운 아주 작은 이탈리안 레스토랑입니다. Toshiji Tomori 셰프가 처음 시그날이라는 브랜드를 시작한 곳이기도 해 더욱 의미 있는 장소입니다. 시그날의 오너셰프인 토모리는 이탈리아 토스카나 지방에서 요리를 배운 후 일본에 이탈리안 레스토랑을 열었으며, 현재 메구로구 마츠미자카에서 Cignale enoteca, cignale panevia도 운영하고 있습니다. 시그날의 경우 브랜드 소속 셰프가 각 지점에서 로테이션으로 음식을 서비스합니다. 새로운 셰프의 스타일을 경험할 수 있다는 점도 재방문의 이유입니다.

Cignale VINO & PANE은 시그날 브랜드 매장 중에서도 가장 작은 매장입니다. 매일 다른 그 날의 제철 식재료로 음식을 만들어냅니다. 요리를 주문하기 전 오늘의 재료를 소개해주고, 각 재료로 어떤 요리를 선보일지 안내합니다. 고객이 음식을 선택하면 그때부터 요리를 시작하기 때문에 식재료가 조리되는 과정을 직접 경험할 수 있습니다. 이탈리아 내추럴 와인 리스트도 준비되어 있어 음식과 페어링하기 좋습니다. 반죽을 발효해 현장에서 직접 굽는 빵이 일품입니다. 레스토랑에서 식전에 나오는 빵을 상상하면 안 됩니다. 손님에게 동일하게 제공되는 양만큼만 만들어서 하나 더 먹을 수 없는 점이 아쉬울 수밖에 없는 맛입니다.

주류 주문이 필수이며, 채식 메뉴가 없고, 계산도 오직 현금으로만 가능하다는 여러 불편한 점이 있습니다. 메뉴판도 일본어로만 표기되어 있고, 예약도 현대적이지는 않습니다. 메일을 통해 예약하거나 전화로 해야 하기 때문에 외국인에게는 다소 어렵습니다. 그럼에도 음식 맛을 보면 다시 오고 싶다는 마음이 자연스럽게 생기는 곳입니다. 공간에서 느끼는 오감의 만족도가 굉장히 높습니다. 좌석은 단 6석이고 하루에 저녁 2타임만 운영되니 '선점'이 필수입니다.

② 닭을 재료로 한 오마카세
야키토리 무스비

주소 도쿄 도시마구 기타오츠카 2-1-1 ba05 빌딩 8F
인스타그램 yakitorimusubi

부티크 형태의 자산 개발을 통해 동네를 리조트로 만든 오츠카 지역의 떠오르는 공간입니다. 도쿄를 대표하는 차세대 야키토리 맛집이라는 평가를 받고 있습니다. 이곳은 가고시마현 구로사쓰마 닭을 사용합니다. 가고시마현은 흑돼지와 흑소로 유명한 지역입니다. 이곳에서 '흑'에 집중해 개발한 닭이 바로 구로사쓰마 닭입니다. 구운 후에도 굳어지지 않고 적절한 탄력과 풍미가 좋다는 것이 특징입니다. 무스비에서는 닭의 여러 부위를 장인이 숯불에 알맞게 구워 야키토리 코스로 제공합니다. 코스는 고객이 충분하다고 할 때까지 계속됩니다. 셰프에게 온전히 맡기는 코스이기 때문에 어떤 메뉴가 나올지 모르지만, 매번 색다른 꼬치를 만날 수 있습니다.

닭과 함께 각종 야채 꼬치가 있어 적절한 밸런스가 느껴집니다. 사이타마현 도다시의 밭에서 산지 직송으로 구입해 사용하는 제철 야채 덕분에 코스에서도 사계절의 변화를 느낄 수 있습니다. 고기보다 맛있는 야채라는 생각이 들 정도입니다. 야키토리와 페어링할 수 있는 다양한 주류도 이곳의 빼놓을 수 없는 즐거움입니다. 사케, 와인, 위스키 등 각종 주류를 곁들이면 야키토리 오마카세의 새로운 매력을 경험할 수 있습니다. 영어로 의사소통이 충분히 가능해 서비스되는 요리마다 자세한 설명을 듣고, 어떤 음식을 경험하는지 이해할 수 있다는 점도 만족도를 올려줍니다. 공간 자체도 대리석 소재와 블랙 컬러감을 활용해 세련되고 고급스러움이 느껴집니다. 특히 오츠카 지역의 야경을 한눈에 볼 수 있어 저녁 시간에 방문하면 오감이 즐거울 것입니다.

도쿄의 숨겨진 보석 같은 F&B 공간들

❸ 50가지 이상의 오니기리를 맛볼 수 있는 전문점
오니기리 봉고

주소 도쿄 도시마구 기타오츠카 2-27-5

오니기로 봉고는 오츠카역 근처에 자리한 10석 남짓의 작은 오니기리 전문점입니다. 일본의 여러 방송에 소개된 로컬 맛집으로, 늘 2시간 이상은 줄을 서야 이곳의 오니기리를 맛볼 수 있습니다. 오츠카역에서 내려 조금만 직진하면, 작은 가게 앞 길게 선 줄을 만나게 됩니다. 간판의 이름을 읽지 못해도 오니기로 봉고가 어디인지 알 수 있을 정도입니다. 일본의 노포 같은 공간과 가게 앞을 지나는 전차가 주는 분위기까지 더해져 작은 일본 마을을 여행하는 기분을 느끼기에 제격입니다. 줄 서는 시간이 크게 지루하지 않습니다.

이곳의 오니기리 종류는 56가지입니다. 한국어 메뉴판이 따로 준비되어 있고, 메뉴에 대한 설명이 충분히 적혀있어 원하는 오니기리를 고를 수 있습니다. 다만 먹고 싶은 것이 많아 선택하기 힘든 것은 어쩔 수 없는 것 같습니다. 주문을 하면 눈앞에서 오니기리가 만들어지기 시작합니다. 한참 빠져서 보고 있으면, 성인 주먹보다 큰 오니기리가 나옵니다. 첫인상은 "정말 크다."입니다. 그리고 한 입 먹으면 "폭신하고 맛있다."는 생각을 하게 됩니다. 밥알 하나하나가 살아있다는 말이 무슨 뜻인지 정확하게 이해할 수 있습니다.

오니기리는 밥을 쥐는 동작에서 만들어진 이름입니다. 봉고의 오니기리는 꽉 쥐어 단단하게 밥을 뭉치지 않고, 밥과 밥 사이에 공기를 넣은 듯 부드럽습니다. 그래서 입에 넣는 순간 사르르 녹듯 밥이 풀리며 토핑의 맛이 함께 느껴집니다. 니가타산 고시히카리로 지은 밥과 듬뿍 담겨 마지막 한 입까지 모자람 없는 토핑의 조화도 완벽합니다. 봉고의 저력은 포장해서 하루 지나 먹을 때 느껴집니다. 시간이 지났음에도 눅눅해지거나 질척이지 않고 막 만들어진 오니기리를 먹을 때와 같은 맛을 느낄 수 있습니다. 그러니 가게에서 먹는 것도, 포장을 해서 먹는 것도 모두 추천합니다. 도쿄를 방문할 때마다 이곳에 찾아가는 것이 자연스러워질 정도로 맛있는 오니기리입니다.

4 와인 120병을 보유한 오마카세 스시야
hashiri

주소 도쿄 세타가야시 기타자와 3-19-20 리로드 시모기타자와 1F
인스타그램 hashiri.shimokitazawa

리로드에 자리 잡은 오마카세 스시야 하시리는 2017년부터 2019년까지 3년 연속 미슐랭 1스타를 받은 샌프란시스코 스시야의 도쿄 분점입니다. 시작은 다이칸야마의 회원 전용 스시 레스토랑이었습니다. 그러나 시모기타자와로 이전하면서 폐쇄정책을 없애고 좀 더 많은 이들이 방문할 수 있는 공간으로 새롭게 문을 열었습니다. 공간은 스시와 와인의 새로운 페어링 형태를 제안하는 컨셉에 맞춰 꾸며졌습니다. 특히 인상적인 부분은 공간의 1/3을 차지하는 와인셀러입니다. 유럽을 중심으로 전 세계에서 약 120여 병의 와인리스트를 준비했습니다. 특색에 걸맞게 소믈리에가 상주하며 오마카세 코스에 맞춘 와인 페어링을 제공합니다. 와인뿐 아니라 사케, 소주 등 스시와 어우러지는 다양한 종류의 술이 준비되어 있습니다. 자리가 단 10석뿐이기 때문에 예약은 필수입니다. 저녁 6시와 8시 30분 두 번의 코스 타임이 운영됩니다.

　　샌프란시스코에서 일했던 시라스 사토시 셰프가 제철 재료를 활용해 최적의 조합을 선보입니다. "식재료의 맛과 향기, 먹는 사람 혀의 계절감이라는 세 요소의 밸런스"를 중요하게 여깁니다. 일본어만큼 영어로도 충분한 소통이 가능해 음식에 대한 설명이나 페어링의 특징 등을 쉽게 이해할 수 있는 것도 장점입니다. 그만큼 테이블을 채우는 외국인도 많아 한 공간에서 다양한 문화가 어우러지는 글로벌 무드를 느낄 수 있습니다. 스시는 일본을 대표하는 글로벌 메뉴입니다. 하시리는 글로벌에서 인정받은 스시야가 도쿄에서 어떻게 플레이 되는지 경험하기에 좋은 공간입니다.

⑤ 프렌치를 베이스로 일본의 에센스를 담은 레스토랑
MESO

주소 도쿄도 세타가야구 기타자와 3-30-3
인스타그램 meso_shimokitazawa

다양한 취향을 가진 이들이 한 테이블에서 음식을 즐길 수 있도록 장르와 경계 없음을 컨셉으로 한 레스토랑입니다. meso라는 상호명 또한 그리스어로 중간을 의미합니다. 과거부터 예술과 서브컬쳐, 패션 등 다양한 문화가 어우러진 거리 시모기타자와에서 어디에도 치우치지 않고 한 가지 장르에 국한되지 않으며, 다양한 음식을 경험할 수 있는 공간이 되는 것을 목표로 합니다. 최근 도쿄의 숨겨진 핫플레이스로 여러 매거진에 소개되며 많은 이들의 관심을 받고 있습니다. 호주에서 요리를 공부한 이곳의 셰프 하라지마는 프렌치를 기반으로 동양의 향신료와 일본의 에센스를 더한 퓨전 요리를 선보입니다. 셰프의 이력만으로도 메소가 '장르와 국경이 없는 맛'에 집중하고 있음을 알 수 있습니다. 다양한 비건 요리, 15종 이상의 내추럴 와인을 잔으로 맛볼 수 있는 점도 장점입니다. 맛에서만 경계가 없는 것이 아니라 문화와 공간을 둘러싼 분위기마저 경계 없이 친근하고 부드러운 것이 인상적입니다. 음식을 맛보는 것은 입으로만 이뤄지는 것이 아니라 오감의 영역이라고 생각합니다. 메소는 미각뿐 아니라 다른 감각까지 즐겁게 채워주는 장소입니다.

6 신선한 트러플과 고소한 빵의 만남
TRUFFLE & BREAD

주소 도쿄 고토구 미요시 2-1-6
인스타그램 truffle_and_bread

맛있게 구운 빵과 트러플의 조화가 인상적인 TRUFFLE& BREAD는 30년 넘게 일본에 트러플을 수입해온 Koinuma Shokai가 모회사입니다. 트러플 전문 회사가 만든 빵집인 만큼 트러플이 브랜드 아이덴티티 역할을 합니다. 트러플 설탕으로 코팅된 트러플 설탕 버터 롤, 트러플 커스터드 크림, 트러플 크루아상 등 트러플을 활용해 만든 다양한 빵을 맛볼 수 있습니다. 실내에 음식을 먹을 수 있는 공간은 따로 없기 때문에 테이크아웃만 가능합니다. 들어서는 순간 작은 전시장처럼 테이블에 빵이 진열되어 있어 눈길을 끕니다. 오픈 주방이기 때문에 빵을 만드는 모습이 노출되어 있고, 빵 위에 트러플을 올리는 모습을 바로 보여주는 등 일반적인 빵집보다는 빵을 파는 레스토랑에 가까운 느낌입니다. 빵을 손에 들고 기요스미 시라카와를 걸으며 동네의 분위기를 즐기는 것도 좋습니다. 현금 없는 매장으로 운영되고 있습니다.

7. 과자와 술을 함께 즐길 수 있는 곳

Gâteaux deux Entrées

주소 도쿄 고토구 미요시 2-15-12
인스타그램 gateaux_deux_entrees

파티시에 신야마 아야카가 문을 연 디저트 숍입니다. 프랑스어로 2개의 입구를 뜻하는 이름인 Gâteaux deux Entrées에는 과자와 술 양쪽 모두를 좋아했으면 하는 의미를 담았다고 합니다. 공간에도 아이덴티티가 담겨있습니다. 어느 문으로 들어가도 같은 공간을 만나게 되지만, 실제 문이 2개라는 것이 인상적입니다. 가게 안으로 들어서면 쿠키와 페어링하면 좋을 주류가 함께 진열된 테이블과 한쪽 벽을 가득 채운 술병들이 눈을 사로잡습니다. 쿠키를 판매하는 매장이아니라 작은 바에 들어온 기분입니다. 이곳의 과자들은 술과 페어링을 중요하게 고려했습니다. 벌꿀, 말차, 럼주를 주재료로 활용한 쿠키 세 종류를 판매 중입니다. 특히 각각의 쿠키에 어울리는 주류를 함께 추천해 '술과 즐기는 쿠키'의 특징을 설명해줍니다. 그중에서도 대표 메뉴는 벌집 모양 사브레에 세계 3대 블루 치즈의 하나인 로크포르를 활용한 버터샌드입니다. 파티시에는 단맛이 있는 리큐어와 잘 어울린다는 설명을 덧붙였습니다. 말차와 다크초콜릿을 활용한 쿠키나 럼주에 파인애플 잼을 활용한 쿠키도 같은 버터샌드의 특징을 가졌지만, 각각의 맛 차이가 확연합니다. 단순한 쿠키라기보다는 파인다이닝 레스토랑의 디저트 느낌이 강해 흔하지 않은 선물을 하고 싶을 때도 좋은 아이템입니다.

8 커피 오마카세를 즐길 수 있는
마메야 카케루

주소 도쿄 고토구 히라노 2-16-14
인스타그램 koffee_mameya_kakeru

커피 마메야는 일본의 유명 바리스타 쿠니토모가 만든 브랜드입니다. 그는 인터뷰에서 "커뮤니케이션을 하고 서비스를 하는 것, 손님의 기억에 남는 커피나 체험을 주는 것이 바리스타의 일이에요."라고 바리스타에 대한 역할과 가치를 설명합니다. 커피 마메야는 이런 가치를 그대로 구현한 브랜드입니다. 이곳의 바리스타들은 원두를 가장 맛있게 즐길 수 있는 자신만의 레시피를 만들어 손님들과 커뮤니케이션합니다. 로스팅을 직접 하지 않지만, 전 세계의 유명 원두를 모아놓은 원두상점이기도 합니다. 좋은 재료로 최고의 커피를 제공한다는 개념에 가깝습니다. 마치 레스토랑의 셰프와 같은 모습입니다.

한 손님에게 30분 이상의 시간을 들입니다. 커피에 대한 취향을 파악하고 시즌별 원두의 변화까지 상세하게 설명하며, 고객의 니즈에 맞춘 서비스를 제공하고자 합니다. 이런 과정이 있기에 '서비스를 공부하고 싶으면 마메야에 한 번쯤 꼭 가봐라.'라는 말이 있을 정도입니다.

커피 마메야 카케루는 마메야의 두 번째 매장입니다. 커피의 영역에서 파인 다이닝 역할을 할 수 있는 공간을 구상하고 커피 오마카세를 서비스하며, 바리스타의 테크닉과 커피와 연관된 다양한 체험을 할 수 있도록 운영되고 있습니다. 커피만 있는 코스, 커피를 활용한 칵테일 코스가 있습니다. 단일 메뉴로도 주문할 수 있지만, 커피 하나로 구성된 코스를 경험하는 것도 놓치기 아쉬운 체험입니다. 사전 예약은 필수입니다. 매장에서 원두 구입도 가능하니 맛본 커피 중에 취향 저격 원두가 있다면 구입하는 것도 좋습니다. 구입하는 원두에 따라 알맞은 물의 온도, 드립을 내리는 횟수 등 맛있게 먹는 방법까지 상세하게 안내해주는 점도 인상적입니다.

9 도쿄의 '핫'한 카페
커피카운티 시모기타자와

주소 도쿄도 세타가야구 기타자와 1가 30-3 1F
인스타그램 coffeecountytokyo

2013년 11월 후쿠오카에서 시작한 커피 브랜드 커피카운티가 도쿄에 진출하며 첫 매장으로 문을 연 곳이 시모기타자와입니다. 커피카운티는 후쿠오카 지역 외에 매장을 열었다는 점, 도쿄에서도 시모기타자와 지역에 자리 잡았다는 점만으로도 뉴스가 될 정도로 영향력을 가진 로스터리 커피 브랜드입니다. 그만큼 커피신에서 많은 이들의 주목을 받고 있습니다. 역에서 한참을 걷

고 골목길을 올라 한적한 동네 한가운데 자리 잡은 커피카운티의 첫인상은 비밀 공간 같다는 것이었습니다. 벽돌색 외관과 웅장한 느낌을 주는 문이 어쩐지 비밀스러움을 더해줍니다. 실내로 들어가니 오히려 따뜻함이 느껴졌습니다. 전체적인 컬러감과 소품, 조명까지 신경 썼다는 느낌이 들었습니다. 반원형의 공간 자체도 부드러운 느낌을 더했습니다. "오리지널 벽돌 소재를 활용해 '토(土)'를 테마로 한 인테리어는 동굴과 생산지의 주 공간을 상기시킨다."는 공간 설명이 바로 이해됐습니다.

문을 열기 전 남미의 커피 농장에서 일하며 커피콩을 기르는 기본부터 배우고, 그 땅의 생활과 커피에 대한 이해를 높였다는 브랜드의 설명을 보니 더욱 '커피에 진심인 브랜드구나.' 싶습니다. 이런 경험이 계기가 되어 나카라과를 거점으로 아프리카 에디오피아, 남미, 페루, 콜롬비아 등 각국의 커피 생산자와 직거래를 하고 있습니다. 한 잔의 커피를 통해 그 지역의 특징까지 전달하겠다는 처음의 다짐이 여전히 진행형입니다. 이곳의 커피를 먹는 순간 "맛있다."라는 말이 바로 나옵니다. 커피마다 확연히 다른 향과 맛이 느껴지면서 커피의 여러 매력을 경험한 기분이 들 것입니다. 제철 재료를 활용한 리미티드 스위츠도 인상적입니다. 올여름에는 무화과를 활용해 산미와 견과류의 달콤함을 살린 카사타를 선보였습니다. 일정 기간에만 즐길 수 있는 커피와 디저트의 페어링은 지속적으로 방문하는 고객들에게 익숙함과 새로움을 동시에 제공합니다.

10 일본의 차를 현대식으로 즐길 수 있는

Saboe tokyo

주소 도쿄도 미나토구 아자부다이 1-2-4 아자부다이 힐스 가든 플라자 C 1F
인스타그램 t.collection.ogata

사보에 도쿄는 일본차의 가능성을 넓혀 새로운 즐거움을 제공하겠다는 브랜드 슬로건을 바탕으로 산지나 품종의 차이, 녹차나 홍차 등 찻잎의 차이, 과실이나 허브 등 재료의 차이를 살려 새로운 조합의 차를 만듭니다. 이렇게 완성된 10가지 종류의 블렌디드 티 제품이 'T 콜렉션'입니다. 일본 전역에서 차를 수급하는데 지역의 특성과 희소 품종, 산지의 특성이 강한 개성 있는 찻잎을 고르기 위해 노력합니다. 각 토지 특성과 역사, 식문화에 뿌리를 둔 향토 차를 더 널리 알리는 것을 목적으로 하기 때문입니다. 차를 온전히 즐길 수 있도록 특성을 살려줄 도구도 직접 제작하고 판매합니다.

아자부다이힐스에 있는 사보에 도쿄 매장에 가면 통창으로 보이는 외부 자연 조경과 나무, 돌 등 자연물을 활용한 내부 인테리어가 어우러지며 자연 속 특별한 공간으로 들어온 듯한 기분을 느낄 수 있습니다. 모든 티는 매장에서 시음이 가능하기 때문에 직접 향과 맛을 경험한 후에 나에게 맞는 티를 선택할 수 있습니다. 종 모양을 본뜬 종이 질감의 패키지에 차 넘버링이 들어가있는 포장이 인상적입니다. 티백과 찻잎 모두 판매하고 있어 선물로도 제격입니다. 메구로, 긴자, 마루노우치 등 아자부다이힐스 외에도 도쿄 여러 지역에 매장이 있습니다. 지역적 특성과 타깃의 선호를 반영해 조금씩 차이가 있는 매장 인테리어가 보는 재미를 더합니다. 일본의 차를 맛과 향, 분위기로 즐기고 싶다면 취향에 맞는 사보에 도쿄 매장을 방문해보는 것도 괜찮은 경험이 될 것입니다.

도쿄 임장은 '부동산 금융이 도시를 가치 있게 만들어가는 방법'에 대한 단서를 찾는 과정이었습니다. 마케터의 시선으로 도쿄를 둘러보면서 가장 크게 와닿은 부분이 '운영'이었습니다. 자산이 도시를 바꾸고 사람들의 라이프 스타일에 영향을 주는 공간으로 변화하고 있습니다. 이런 변화의 핵심은 운영적 측면입니다. 단순히 짓고 끝나는 것이 아니라 지속적으로 운영하면서 함께 살아가는 공간, 도시의 지속성을 만들어가는 공간으로 자리 잡게 된 것입니다. 자연스럽게 지역과의 연결, 지역민과의 연결도 중요해졌습니다. 이제 지역과 사람을 이해해야만 합니다.

'지역과 타깃을 명확히 이해한 개발 기획인가', '자산을 통해 어떤 가치를 전달하는가', '자산의 연속성을 위해 어떤 파트너와 커뮤니티를 구성하고 운영해나갈 것인가', '자산을 어떻게 브랜드로 진화시킬 것인가' 등을 고민하고 방법을 찾아가는 것은 중요합니다. 자산은 도시를 만드는 주축입니다. 자산이 먼저 고민하고 방법을 찾아갈 때, 도시의 모습이 바뀌고 사람의 삶의 방향이 달라지지 않을까요? 자산은 지역과 사람을 이해하고, 사람은 다시 자산을 활용해 라이프 스타일을 만들며 자산, 지역, 도시의 가치가 높아지는 선순환을 만들어갈 수 있습니다. 서울에서도 이런 선순환이 늘어나기를 바랍니다.

참고 자료

[1파트]

- https://news.kbs.co.kr/news/pc/view/view.do?ncd=7966472
- https://www.mk.co.kr/news/world/10993274
- https://statistics.jnto.go.jp/graph/#graph--dashboard--basic--basic

[2파트]

- https://news.einfomax.co.kr/news/articleView.html?idxno=4302011
- https://www.joongang.co.kr/article/25260514#home
- https://www.sedaily.com/NewsView/29YDRYGO0K
- 일본 부동산과 J-REITs의 모든 것, 대신증권, 2021년 4월
- 일본 리츠 개요 및 사례, 한국리츠협회, 2024년 3월
- https://www.auric.or.kr/User/Rdoc/DocCmag.aspx?returnVal=CMAG&dn=191135
- https://toronto-tokyo.com/moribuilding/
- https://www.mori-hills-reit.co.jp/en/portfolio/list/tabid/186/Default.aspx
- https://securities.miraeasset.com/bbs/maildownload/2018022118220212_154
- https://www.nbf-m.com/nbf_e/financial/highlight.html

[3파트]

- https://m.news.nate.com/view/20240527n00272
- https://ppss.kr/archives/258347
- https://fpost.co.kr/board/bbs/board.php?bo_table=fsp34&wr_id=50
- https://visit-minato-city.tokyo/ko-kr/articles/558
- https://www.city.minato.tokyo.jp/kokusaika/sangyo/kokusaika/documents/korean_plan.pdf
- https://economychosun.com/site/data/html_dir/2019/12/09/2019120900038.html
- https://www.suntory.co.jp/suntoryhall/history/
- https://www.khan.co.kr/world/japan/article/200511061809551
- https://cityhoppers.co/content/story/omotesandohills
- https://vmspace.com/report/report_view.html?base_seq=MjkzMQ==
- https://toronto-tokyo.com/moribuilding/
- https://www.mk.co.kr/news/culture/10966701

- https://www.joongang.co.kr/article/25251963
- https://seoulpi.io/article/97972
- https://hillslife.jp/food/2024/04/09/pelican-cafe-azabudai/
- https://hillslife.jp/food/2024/04/18/wellness-cuisine-in-azabudai-hills/
- https://www.roppongihills.com/sp/2022_fashion/munetaka_aoki.html

[5파트]

- https://seoulpi.io/article/70002
- https://seoulpi.io/article/79585
- https://seoulpi.io/article/77950
- https://nihombashi-tokyo.com/kr/history/310.html
- https://www.mitsuifudosan.co.jp/english/corporate/news/2008/0424/
- https://www.mitsuifudosan.co.jp/business/development/tokyo_midtown/
- https://www.2121designsight.jp/
- https://www.tokyo-midtown.com/jp/
- https://www.mitsuifudosan.co.jp/english/corporate/news/2006/0323/
- https://www.mitsuifudosan.co.jp/business/development/tokyo_midtown_hibiya/
- https://smartcity-school.k.u-tokyo.ac.jp/
- https://www.utokyo-ext.co.jp/tis/top
- https://susfinance-school.k.u-tokyo.ac.jp/
- https://genome-school.k.u-tokyo.ac.jp/
- https://www.yaesu.tokyo-midtown.com/area-management
- https://www.hibiya.tokyo-midtown.com.e.adj.hp.transer.com/en/about/brand/

[6파트]

- TOKYO CREATIVE REPORT 2023, 주식회사 SIGNING
- https://daikanyama.life/?p=7122
- https://www.japan.travel/ko/destinations/kanto/tokyo/harajuku-and-omotesando/
- https://m.blog.naver.com/wonho6743/223480596441?referrerCode=1
- https://harakado.tokyu-plaza.com/en/recomendec.html
- https://mag.tecture.jp/culture/20240209-106752/
- https://bijutsutecho.com/magazine/news/exhibition/15401
- https://www.ryozanpark.com/blog/announcement-ja/ryozanpark_urban_green/
- https://www.artmuseumlibraryota.jp/eng/facilities-eng/

- https://highlike.org/text/akihisa-hirata-5/
- https://maily.so/tokyonotable/posts/3f081763
- https://www.tokyu-land.co.jp/company/magazine/harakado.html
- https://www.tv-tokyo.co.jp/gaia/backnumber4/preview_20240419.html
- https://narita-akihabara.jp/ko/entertainment
- https://narita-akihabara.jp/ko/entertainment/post-000106
- https://madamefigaro.jp/blog/eriko-miyakoda/91-sauna.html
- https://brutus.jp/saude_sauna-ooo-tokyo/
- https://brutus.jp/tokyotrend_sauna2/
- https://daikanyama.life/?p=9812
- https://hillsideterrace.com/about/story/
- https://archi-ho-onhh.tistory.com
- https://www.tokyu-land.co.jp/company/magazine/forestgate-daikanyama.html
- https://forestgate-daikanyama.jp/tenoha/
- https://cirty.jp/about/

[7파트]

- https://seoulpi.io/article/44979
- http://japanteacher.co.kr/menu/business/b100-26.htm
- https://www.hani.co.kr/arti/culture/travel/1055341.html
- https://www.coastalpicture.com/post/biophilic-architecture-in-tokyo
- https://mtbysr.jp/
- https://tradmans.jp
- https://prtimes.jp
- https://www.designdb.com/?menuno
- https://www.archdaily.com/1012990/yanmar-tokyo-commercial-and-office-building-nikken-sekkei
- https://seoulpi.io/article/104337
- https://www.seibu-la.co.jp
- https://r100tokyo.com/curiosity/r100tokyo/240403/
- https://thegate12.com/kr/article/33
- https://prtimes.jp/main/html/rd/p/000000056.000074146.html
- https://shibuyatokyolovers.jp/2023/10/21/okushibuya-cafe/#google_vignette
- https://digjapan.travel/ko/blog/id=11325

- https://catstreet.trunk-hotel.com/
- https://www.timeout.jp/tokyo/ja/travel/40coolest-neighbourhoods-in-the-world#google_vignette
- www.timeout.jp/tokyo/ja/%E3%82%B7%E3%83%A7%E3%83%83%E3%83%94%E3%83%B3%E3%82%B0/mini-mal-tomigaya
- https://www.act-locally.com/spots/yoyogiuehara_general_goods/
- https://www.mapple.co.jp/blog/1367/
- https://www.hamakura-style.com/works/shibuyayokocho/
- https://www.hamakura-style.com/produce/shibuya-yokocho/
- https://design.co.kr/article/997
- https://shimokita-engei.jp/about.html

[8파트]

- https://news.yahoo.co.jp/feature/716/
- https://www.ana.co.jp/ko/kr/japan-travel-planner/tokyo/0000023.html
- https://food-stadium.com/headline/23495/
- https://www.auri.re.kr/boardAttachPreview.es?bid=ATT&list_no=3507&seq=1
- https://sampyo.co.kr/blog/
- https://www.mori.art.museum/contents/tm500/index.html
- https://japantravel.navitime.com/ko/area/jp/guide/NTJnews0520-ko/
- https://www.hamakura-style.com/works/
- https://otsuka-norengai.com/#contact
- https://japanshopping.org/ko/search/shopping_articles/detail/toranomon-hills-stationtower
- https://www.toranomonhills.com/t-market/index.html
- https://www.yaesu.tokyo-midtown.com/yaesu-public

[9파트]

- https://www.sajangin.com/news/articleView.html?idxno=11221
- https://www.si.re.kr/node/68330
- https://www.mec.co.jp/marunouchi/history/
- https://www.hankyung.com/article/202403215745i
- 《도쿄를 바꾼 빌딩들》, 박희윤, 2024.03.18
- https://www.marunouchi.com/tenants/10157/

- https://www.mec.co.jp/service/shopping/
- https://protocooperation.tistory.com/379
- https://mec.disclosure.site/j/sustainability/activities/environment/climate-change/
- https://sustainable.japantimes.com/unraveling/12
- https://www.sustainablebrands.jp/news/tag/1218302_1592.html
- https://marunouchi-innovation.com/en/about/message/
- https://ironowa-ba.co.jp/
- https://b2b-ch.infomart.co.jp/news/detail.page?IMNEWS4=3944444
- http://www.hotelrestaurant.co.kr/mobile/article.html?no=6695
- http://www.hotelrestaurant.co.kr/mobile/article.html?no=7867
- https://www.uds-hotels.com/concept/
- https://brunch.co.kr/@cloudocloud/310

[10파트]
- https://www.archdaily.com/
- https://www.designdb.com/
- https://www.donga.com/news/Culture/article/all/20240701/125716041/1
- https://www.youtube.com/watch?v=zMDM_utRWyw
- https://www.tokyu.co.jp
- https://blog.naver.com/sophitokyo/222648276840
- https://shibuyaplusfun.com/library/
- https://tokyotoilet.jp/messages/shibuya/
- https://www.nippon-foundation.or.jp/en/what/projects/thetokyotoilet
- https://seoulpi.io/article/52108
- https://www.city.shibuya.tokyo.jp/contents/kutyo/aisatsu/syosin_20160929.html

[BONUS]
- https://www.hankyung.com/article/2024021567101
- https://www.timeout.com/tokyo/restaurants/orby
- https://www.timeout.com/tokyo/shopping/playmountain
- https://tanekara.official.ec/about
- https://saboe.jp/tea/
- https://sobamaeyamato.co.jp/

- https://www.azabudai-hills.com/shop_list/0053.html
- https://mitsui-shopping-park.com/urban/miyashita/store/1568862.html
- https://route9g.com/1360/
- https://fpost.co.kr/board/bbs/board.php?bo_table=fsp34&wr_id=53
- https://tabelog.com/kr/tokyo/A1318/A131802/13273148/
- https://www.timeout.com/tokyo/restaurants/hashiri-shimokitazawa
- https://hashirishimokita.com/
- https://meso-restaurants.jp/
- https://res-reserve.com/ja/restaurants/meso
- https://coffeecounty.cc/about/
- https://cignale.jp/vino/
- https://restaurant.ikyu.com/122224
- https://www.onigiribongo.info/
- https://metizen.co.kr/
- http://www.tricolore.co.jp/ginza_trico/index.html
- https://www.timeout.com/tokyo/restaurants/truffle-bread
- https://koffee-mameya.com/
- https://minamisuna1.com/15827/

도쿄는 어떻게
도시의 미래를 만드는가

초판 1쇄 발행 2024년 12월 10일
   2쇄 발행 2025년 2월 25일

발행인	김정은
지은이	서울프라퍼티인사이트 플랫폼 마케팅팀
기획	오경희
글	이보람
디자인	엘리펀트스위밍
펴낸 곳	시티폴리오(서울프라퍼티인사이트)
주소	서울특별시 중구 세종대로 136, 3층
등록번호	제2022-000136호
등록일자	2022년 8월 22일
이메일	cityfolio@seoulpi.co.kr
홈페이지	https://seoulpi.io/

ISBN 979-11-979966-3-4 03320

· 시티폴리오는 서울프라퍼티인사이트의 도시 부동산 금융 플랫폼으로,
다양한 콘텐츠 변주를 통해 도시의 자산을 투자로 연결합니다.

· 이 책은 저작권법에 따라 보호받는 저작물이므로 무단전재와 무단복제를 금지하며,
이 책 내용의 전부 또는 일부를 이용하려면 반드시 저작권자와 서울프라퍼티인사이트의
서면동의를 받아야 합니다.

· 책값은 뒤표지에 있습니다. 잘못된 책은 구입처에서 바꿔드립니다.